KB276106

진짜 공신들만 보는 대표 소논문

김범수 지음

1

권으로 끝내는
논문처럼
소논문 쓰기

더디퍼런스

소논문,
왜 중요해졌을까?

　'소논문'에 관심을 가지게 된 계기는 '학생부종합전형 합격자들의 스펙을 분석하면서부터였다'고 말해도 과언이 아니다. 서울대, 연세대, 고려대 등 상위권 명문대학에 합격한 수험생 중 적지 않은 숫자가 소논문에 대한 스펙을 가지고 있었던 것이다. 처음에는 그렇게 관심을 두지 않았다. 하지만 소논문을 써본 경험이 있는 수험생들의 합격이 늘어나면서 어느 순간 중요하게 관리하는 지표 중 하나가 되어버렸다.

　요즘 소논문에 대한 관심이 아주 뜨겁다. 하지만 이미 몇 년 전부터 일부 지역 및 국제고, 외고, 자사고 등의 일부 학교에서

R&E(Research & Education) 활동이라는 명칭으로 존재해왔다.

2011년으로 기억한다.《중앙일보》교육섹션 대입담당기자로 근무하던 때였다. 맡은 분야의 특수성 때문에 강남, 그중에서도 대치동 출입이 빈번했다.

그때 생긴 취미가 '간판 보며 걷기'였다. 간판을 보면 빠르게 바뀌는 교육트렌드를 피부로 느낄 수 있기 때문이다. 당시만 해도 R&E시장은 소규모였다. 전문학원도 찾아보기 힘들었다. 하지만 지금은 완전히 다른 양상이다. 인터넷포털사이트에 '소논문' 또는 'R&E'라는 키워드를 검색하면 관련 정보들이 치열하게 검색된다. 소논문 1편이 수백만 원에 거래되는 문제가 뉴스에 보도될 정도로 소논문에 대한 관심은 일상화돼버렸다.

소논문이 합격에 중요한 역할을 하는 전형이라고 생각하는 것이 학생부종합전형이다. 학생부종합전형에 지원하는 수험생들을 대상으로 설문조사를 할 때면 언제나 '소논문 스펙이 있는가? 있다면 몇 편인가'란 질문이 빠지지 않는다.

지난해 조사결과를 소개한다면 특목고와 자사고는 0.9건으로 기본 1편 정도 소논문을 써본 경험이 있다고 했지만, 일반고는 고작 0.4건이었다. '소논문이 학생부종합전형에서 중요하다' 또는 '중요하지 않다'는 논쟁을 떠나, 이것만큼은 확실하다. 주요 경쟁자들에게는 소논문 스펙이 있다는 점이다. 그러다 보니 소논문은 필수 스펙의 하나로 자리매김하는 추세가 되었다. 소논문에 대한 관심은 높아지고 있는데, 역으로 소논문에 대한 정보를 구하기는 어렵다. 소논문 작성법을 다룬 책은 적지 않게 나와 있지만 갈증을 풀기에는 충분하지 않다.

기자 생활을 하면서 뼈저리게 느꼈던 원칙 중 하나는 다름 아닌 'HOW'이다. 일찍이 모 교육업체에 몸담고 있을 때, '기회가 된다면 HOW를 담는 기사를 쓰겠다'라고 생각하고 또 생각을 했다. 매일같이 정말 많은 교육기사가 쏟아지지만, 정작 '그래서 어떻게 하라고?'라는 해답을 제시하지 못하는 점이 너무 답답했다. 그리고 교육이슈가 생기면 변죽을 울리는 기사는 가급적 쓰지 말자고 다짐했다.

한번은 일부 의대에서 인문계열 지원을 허용하겠다는 소식이

장안의 화제로 떠올랐던 적이 있다. 그때 쏟아진 기사는 하나같이 '인문계열 의대 지원 가능해졌다. 따라서 국제고, 외고 등 경쟁률이 높아질 것'이라는 내용이 주를 이루었다. 교육현장을 제대로 모르는 기자들이 자료만 가지고 쓴 기사들의 한계라 할 수 있다. 하지만 필자의 경우 교육업체에서 학생들을 지도하고 컨설팅을 담당한 필드경험이 적지 않았다. 따라서 학부모들이 가장 가려워하는 부분이 무엇인지를 잘 알고 있었다. 그때 썼던 기사 제목은 〈상위권대 의예과 교차지원 허용 … 인문계열 선택이 유리할까?〉로, 당시의 기사 내용 일부는 다음과 같았다.

의예과 진학을 위해 인문계열 진학은 위험

서울대, 이화여대 등 주요 대학 의학계열이 2015학년도 대입부터 문과학생의 지원을 허용하자, 일부 학생과 학부모는 '의학계열 진학을 위해 인문계열 선택이 유리해지는 것이 아닌가'를 놓고 저울질한다. 특히 문·이과 계열선택을 앞둔 현재 고1 성적 최상위권은 계열선택에 대한 고민에 빠졌다.

의학계열 교차지원이 확대된 것은 이번이 처음이 아니다. 순천향대와 을지대 의예과, 원광대 치의예과 등 일부 대학은 이미 문과 학생들의 교차지원을 허용해왔다. 하지만 이들 대학의 인문계열 합격자 비율은 자연계열에 비교할 수 없을 정도로 낮은 것이 현실. 순천향대 의예과는 지난 3년간 인문계열 합격자 수의 평균이 총모집인원 대비 6퍼센트 수준인 6명이다. 을지대는 '최근 3년간 인문계열 합격자가 없었다'는 것이 학교 측의 설명.

교차지원을 허용했음에도 불구하고 왜 합격자는 많지 않을까? 수학B와 과학탐구 응시자에게 주는 가산점의 영향력이 크기 때문이다. 순천향대는 취득한 점수의 각각 10퍼센트, 을지대는 5퍼센트를 주고 있다.

(하략)

이 기사를 보고 많은 학부모들이 '이런 기사를 원했다!' '이런 구체적인 분석기사가 필요했다'와 같은 반응을 보였다. 그때 느꼈던 뿌듯함은 아직도 생생하다. 그래서일까? 그간 책을 집필할 때도 아주 구체적이고 현장에서 바로 활용할 수 있는 디테일하면서 쉬운 방법을 담기 위해 노력해왔다. 《IN서울 대학 자기소개서 쓰기의 비밀》을 시작으로 《진짜 공신이 되는 기적의 공부법》 《진짜 공신들만 아는 학생부종합전형의 비밀》에 이어 이번에 빛을 보는 《진짜 공신들만 보는 대표 소논문》까지, 기자 시절부터 원칙으로 삼았던 'HOW'를 담았다고 자부한다. 책을 읽은 독자들이 '다른 책과 달리 쉽고 구체적이고 도움이 된다'라는 쪽지나 이메일 등을 보낼 때면 그렇게 기쁠 수가 없다.

《진짜 공신들만 보는 대표 소논문》을 작업할 때는 다른 책보다 더 많은 고민을 했다. 논문이라는 것이 원체 어려운 글쓰기라는 오해가 뿌리 깊기 때문이다. 그렇기 때문에 《진짜 공신들만 보는 대표 소논문》을 쓸 때는 '본문의 내용을 이해하고 그대로 따라 하거나 흉내 내다 보면 어느 순간 소논문 1편을 뚝딱 만들 수 있다'를 목표로 정했다. 저자로서 자신 있게 장담하는데, 소논문과 논문에 관한 한 그 무엇보다 HOW에 충실하고, 그 HOW를 피부로 느끼게 해줄 책이 될 것이다.

이 책의 구성 또한 그러한 고민의 산물이다. 소논문 쓰기 첫 번째 스텝부터 순서대로 읽어나가다 보면 '소논문, 나도 어렵지 않게 쓸 수 있다'는 자신감이 생길 거라 확신한다.

이 책의 시작은 '남과 다른 소논문 쓰고 싶다면?'에서 출발한다. 소논문에 차별화라는 새로운 생명을 넣어주길 바라는 의미이다. 아무쪼록 이 책이 소논문을 준비하는 여러 학부모와 수험생에게 갈증을 풀어주는 시원한 생수가 되어주길 바란다.

끝으로 어려운 출판 환경 속에서도 본인의 졸저를 흔쾌히 출판해주신 더디퍼런스 조상현 대표님과 항상 남다른 기획과 디자인으로 감동을 주시는 관계자 여러분께 진정으로 감사한 마음을 전한다. 이 책을 읽고 궁금한 내용이 있는 분은 아이플러스컨설팅 (1661-9286, http://cafe.naver.com/skylovedu) 또는 skylovedu@naver.com 으로 문의를 주면 되겠다.

아이플러스컨설팅 사무실에서

김범수

[차례]

머리말

소논문, 왜 중요해졌을까?　_5

Part **1**

남과 다른 소논문을 쓰고 싶다면?

1. 소논문뿐 아니라 비문학까지 준비 가능한 비법이 있다?　_19

2. 사설에서 ○○문장 찾는 연습을 하면 어휘력 高, 논리력 高, 문장력 高　_21

3. 핵심문장을 찾았다면 제목을 결정하자　_33

소논문 쓰기 첫 번째 스텝

1. 연구주제 선정하기 _45

2. 일정표가 나와야 소논문이 나온다 _52

3. 자료는 어떻게 찾을까? _57

소논문 쓰기 두 번째 스텝

1. 연구주제를 결정했으면 설계도부터 만들자 _73

2. 목차라는 뚝배기에 콘텐츠 채우기 _86

3. 소논문 콘텐츠는 두괄식이 기본 _93

Part 4

소논문 쓰기 세 번째 스텝

1. 본론 쓰기　_111

2. 결론 쓰기　_126

3. 초록, 참고문헌, 연구일지 정리하기　_130

Part 5

소논문 쓰기 네 번째 스텝 '팁'

1. 목차별 기호는 어떻게 쓸까?　_137

2. 목차는 '차례 만들기' 기능을 활용한다　_140

3. 각주의 모든 것　_144

4. 참고문헌 작성방법　_157

5. 저작권, 어떻게 해야 할까?　_161

6. 소논문의 품격은 맞춤법과 구두점이 결정한다　_167

7. 설문지, 아직도 복사하니?　_182

 부록

소논문 사례

신종 학교폭력에 대한 연구 및 대안 제시
– 카카오톡을 통한 신종 학교폭력에 대한 연구 _198
신소재로써의 셀룰로오스 종이에 관한 고찰 _228

남과 다른
소논문을
쓰고 싶다면?

소논문뿐 아니라 비문학까지 준비 가능한 비법이 있다?

소논문을 쓰는 이유는 무엇일까? 여러 가지 이유가 있겠지만 종착점은 하나이다. 누구나 가고 싶어 하는 대학을 학생부종합전형으로 들어가기 위한 것이다.

불과 몇 년 전까지만 해도 소논문은 일부 특수한 고등학교에서만 찾는 대상이었다. 하지만 요즘은 일반적인 학교에서도 어렵지 않게 찾아볼 수 있다. 이런 식으로 대중화되면 문제점이 생긴다. 바로 차별화가 쉽지 않아진다는 것이다. 게다가 소논문은 '小' 자가 붙기는 했지만 그래도 논문이다. 따라서 소논문 1편을 완성하는 데에는 적지 않은 시간이 필요하다. 시간낭비라고 생각하는 경우도 생기는 것이다. 만약 그렇게 생각했던 경우라면 이 책에서 소개하는 방법에 주목하자.

미리 말하자면 이 책에서는 소논문의 개념을 단순히 논문형식의 글쓰기에 한정 짓지 않는다. 이는 곧 소논문 따로, 학업 따로 떼어놓고 생각하지 않는다는 의미이다. 소논문 준비가 국어와 사회탐구 그리고 작문 실력 향상으로 연결되는 방법을 제시한다는 의미이다. 실제로 이 방법은 그동안 연간회원들에게 강요하다시피 하여 여러모로 좋은 결과를 얻은 바 있다.

이제부터 소개하는 방법을 2달 정도 진행할 경우, 수험생들이 가장 골치 아파하는 국어영역 비문학 독서 지문의 풀이 속도가 30퍼센트 이상 빨라지며, 정답률은 2배 이상 높아지는 기적의 효과를 얻게 될 것이다. 소논문과 비문학 지문, 사회탐구 그리고 작문 능력까지 키울 수 있는 방법을 살펴보자.

사설에서
○○ 문장 찾는 연습을 하면
어휘력 高, 논리력 高, 문장력 高

'사설'은 사전적인 의미로 '신문 또는 잡지에서 글쓴이의 주장이나 의견을 써내는 논설'을 말한다. '논설'은 '어떤 주제에 관하여 자기의 의견·주장을 조리 있게 설명하는 글'을 의미한다. 그러고 보면 소논문과 많은 부분이 닮았다. 소논문 또한 자신의 학문과 지적 호기심을 다양한 참고자료를 통해 설명 또는 주장을 하는 논증적 글쓰기이기 때문이다. 따라서 소논문을 어렵게 생각하는 경우는 소논문의 사촌 격이라 할 수 있는 사설을 통해서 미리 소논문을 체험하는 효과를 얻을 수 있겠다.

이런 효과를 얻기 위해 가장 먼저 해야 할 일은 사설을 읽는 것이다. 신문을 보면 마지막 장은 항상 전면광고로 마무리된다. 사설은 마지막 장 바로 앞에 있는 2페이지에 실려 있다. 그 사설 중 본인이 읽고 싶은 또는 관심이 가는 내용을 가위로 오려낸 다음 읽으면 된다.

여기서 궁금한 것은 '무엇을 어떻게 읽느냐'다. '사설에서 ○○ 문장 찾는 연습을 하면 어휘력 高, 논리력 高, 문장력 高'에서 '○○문장'이란 바로 '핵심'을 의미한다. 사설에서 핵심문장을 찾는 연습을 하면 어휘력과 논리력에 더해 문장력까지 완성된다는 것이다. 실제로도 그렇다. 사설의 핵심문장이라고 하니 왠지 어려울 듯한 느낌을 준다. 그러나 사실은 쉽다. 왜 쉬운지를 먼저 설명하려 한다. 신문사설 하나를 예시로 보자. 2016년 4월 5일자《중앙일보》사설이다.

비례대표제도는 각 정당의 득표수에 비례해 국회의원 당선자를 결정하는 방식으로, 보통 단독적으로 채택되기보다 선거구 단위로 후보들이 경쟁해 당선자를 결정하는 방식과 병행 실시되는 제도이다. 그동안 우리나라에서는 지역구에 대별되는 전국구 개

넘으로 각 선거구에 입후보한 각 정당 후보들의 득표를 전국적으로 합계해 그 비율에 따라 비례대표 의석을 배분하는 방법을 사용해왔다. 그러나 이 제도가 위헌 결정을 받음에 따라 우리나라에서는 제17대 국회의원 선거부터 지역 단위의 선거구에 입후보한 후보들에 대한 투표와 별도로 정당 지지 투표를 실시해 그 득표율에 따라 배분하는 방식으로 변경해 시행하고 있다. 즉, 자력으로는 국회 진입이 힘든 소외계층이나 약자들 그리고 전문가 집단을 진출시켜 국민에게 필요한 입법 활동을 하기 위해 채택된 제도이다.

그러나 현재 우리나라에서는 이런 비례대표제도의 본래 취지와는 거리가 멀게 운용되고 있다는 비판의 소리가 높다. 이번 20대 국회의원 총선거에서도 여야를 막론하고 비례대표 공천을 둘러싼 갈등 양상을 보면 여전히 제도의 본래 취지와는 전혀 다른 차원에서 전개되고 있음을 알 수 있다. 당내 계파 간 나눠먹기 또는 정치적 목적으로 영입한 인사들에게 자리를 배분하는 수단 등으로 오용되고 있기 때문이다. 이런 문제점은 각 정당의 비례대표 국회의원 후보자 공천 과정에서도 그대로 드러나고 있어 향후 대한민국 정치 개혁의 중요한 과제 중 하나라고 할 수 있다.

　이 사설을 가지고 어떻게 핵심문장을 찾는지 살펴보겠다. 우선 핵심문장을 찾기 위해선 문단의 개념을 정확히 알아야 한다. 문단이란 '문장의 단락'을 의미한다. 글에서 하나로 묶을 수 있는 짤막한 단위로 이해하면 된다. 가장 쉽게 구분할 수 있는 방법은 첫 문장이 들여쓰기가 된 문장인지 아닌지를 보면 된다. 들여쓰기는 새로운 문단이 시작되는 것을 표시하기 위해 문단의 처음 왼쪽 글머리에 1칸을 비워두고 글을 쓰는 것이다.

　위 사설은 몇 개의 문단으로 나뉠까? 2개의 문단으로 나뉜다. 첫 번째 문단은 '비례대표제도는 ~ 입법 활동을 하기 위해 채택된 제도이다'까지이고, 두 번째 문단은 '그러나 ~ 하나라고 할 수 있다'까지이다. 문단의 개념이 정확해졌을 것이다.

　핵심문장을 찾기 위해 문단의 개념을 살펴봤다. 핵심문장과 문단은 도대체 어떤 관계이기에 문단을 찾아야만 핵심문장을 찾을 수 있는 걸까?

　핵심문장은 문단의 뼈대라고 할 수 있다. 어떤 형태의 글이든 원류가 있게 마련이다. 그 큰 낙동강도 시작은 강원도 태백에 있는 황지연못이다. 자그마한 연못에서 큰 낙동강이 생명을 얻는 것이다. 글도 마찬가지이다. 황지연못처럼 시작된다. 그게 바로 핵심문장이다. 하나의 문단은 하나의 핵심문장을 가진다. 그 나머지 부분은 핵심문장을 뒷받침하는 역할을 한다.

소논문과 사설 등 논리적인 글쓰기가 요구되는 분야는 크게 3가지 방식의 글쓰기가 존재한다. 두괄식과 미괄식 그리고 양괄식이다.

두괄식을 문자 그대로 풀면 핵심문장이 서두에 위치하는 글쓰기방식이다. 좀 더 쉽게 설명하면 '내가 가장 강조하고 싶고 말하고 싶은 내용을 앞 문장에 배치하는 방식'이다.

미괄식은 그 반대이다. 핵심문장이 문단이나 글의 끝부분에 오는 방식이다.

양괄식은 두괄식과 미괄식을 합친 방식이라 이해하면 되겠다.

한 연구에 따르면 논문방식 글쓰기의 70퍼센트 이상은 두괄식, 나머지 30퍼센트는 미괄식이라고 한다. 따라서 제대로 된 소논문을 쓰기 위해서는 두괄식 또는 미괄식에 익숙해져야 한다. 소논문이라도 최대한 논문과 유사한 형태로 쓰는 연습이 필요하다. <u>소논문 쓰기를 학생부종합전형을 위한 매력적인 스펙의 하나로만 생각해서는 곤란하다. 대학 또는 사회에 진출해서 학위논문, 각종 보고서 등을 쓰는 데 기초가 될 것이기 때문이다.</u>

설명이 다소 장황했다. 이제는 핵심문장은 어떻게 찾아야 하는

지 어느 정도 감이 올 것이다. 앞에서 이야기한 두괄식과 미괄식에 답이 있다. 두괄식과 미괄식의 특징을 생각하며 다시 한 번 앞에서 예시로 보여준 사설을 읽어보자. 편의를 위해 핵심문장에 형광펜을 칠해두었다. 이에 따라 양괄식 문장인 것을 알 수 있다.

첫 번째 문단은 핵심문장은 '비례대표제도는 각 정당의 득표수에 비례해 국회의원 당선자를 결정하는 방식'과 '자력으로는 국회 진입이 힘든 소외계층이나 약자들 그리고 전문가 집단을 진출시켜 국민에게 필요한 입법 활동을 하기 위해 채택된 제도'라고 할 수 있다. 앞과 뒤에 핵심문장이 위치해 있다.

두 번째 문단의 핵심문장은 '현재 우리나라에서는 이런 비례대표제도의 본래 취지와는 거리가 멀게 운용되고 있다는 비판의 소리가 높다'와 '향후 대한민국 정치 개혁의 중요한 과제 중 하나라고 할 수 있다'이다. 이런 방식으로 핵심문장을 찾으면 된다.

여기까지 읽었다면 다음과 같은 궁금증도 생길 법하다. '내가 제대로 핵심문장을 찾았는지 아닌지 어떻게 알 수 있을까?'

방법은 간단하다. 앞에서 핵심문장은 '문단의 뼈대'라고 했다. 뼈는 연골 등으로 연결되어 있다. 핵심문장도 마찬가지이다. 핵심문장을 제대로 찾았는지 여부는 핵심문장끼리만 연결했을 때 자연스러운 1편의 글이 되느냐 아니냐 하는 것으로 판단할 수 있다.

비례대표제도는 각 정당의 득표수에 비례해 국회의원 당선자를 결정하는 방식으로, 보통 단독적으로 채택되기보다 선거구 단위로 후보들이 경쟁해 당선자를 결정하는 방식과 병행 실시되는 제도이다. 그동안 우리나라에서는 지역구에 대별되는 전국구 개념으로 각 선거구에 입후보한 각 정당 후보들의 득표를 전국적으로 합계해 그 비율에 따라 비례대표 의석을 배분하는 방법을 사용해왔다. 그러나 이 제도가 위헌 결정을 받음에 따라 우리나라에서는 제17대 국회의원 선거부터 지역 단위의 선거구에 입후보한 후보들에 대한 투표와 별도로 정당 지지 투표를 실시해 그 득표율에 따라 배분하는 방식으로 변경해 시행하고 있다. 즉, 자력으로는 국회 진입이 힘든 소외계층이나 약자들 그리고 전문가 집단을 진출시켜 국민에게 필요한 입법 활동을 하기 위해 채택된 제도이다.

그러나 현재 우리나라에서는 이런 비례대표제도의 본래 취지와는 거리가 멀게 운용되고 있다는 비판의 소리가 높다. 이번 20대 국회의원 총선거에서도 여야를 막론하고 비례대표 공천을 둘러싼 갈등 양상을 보면 여전히 제도의 본래 취지와는 전혀 다른 차원에서 전개되고 있음을 알 수 있다. 당내 계파 간 나눠먹기 또는 정치적 목적으로 영입한 인사들에게 자리를 배분하는 수단 등으로 오용되고 있기 때문이다. 이런 문제점은 각 정당의 비례대표 국회의원 후보자 공천 과정에서도 그대로 드러나고 있어 향후 대한민국 정치 개혁의 중요한 과제 중 하나라고 할 수 있다.

이 기사에서 찾은 사설의 핵심문장을 연결해보면 다음과 같은 글이 된다.

비례대표제도는 각 정당의 득표수에 비례해 국회의원 당선자를 결정하는 방식이다. 자력으로는 국회 진입이 힘든 소외계층이나 약자들 그리고 전문가 집단을 진출시켜 국민에게 필요한 입법활동을 하기 위해 채택된 제도이다.

현재 우리나라에서는 이런 비례대표제도의 본래 취지와는 거리가 멀게 운용되고 있다는 비판의 소리가 높다. 향후 대한민국 정치 개혁의 중요한 과제 중 하나라고 할 수 있다.

핵심문장만 연결해서 읽어도 전혀 어색한 구석이 없다. 물 흐르듯 자연스러운 글이 완성되었다. 핵심문장을 잘못 찾으면 이런 식으로 자연스럽게 흐르는 글이 나오지 않는다. 아귀가 맞지 않고 부자연스럽고 인위적인 느낌의 글이 된다.

이런 방식으로 매일 1~3개 사설을 읽고 핵심문장을 찾는 연습을 하는 것이 좋다. 중학생은 1개, 고등학생은 2~3개 정도의 사설이 적당하다. 이 정도만 해도 훌륭하지만, 핵심문장 찾기 훈련의 효과를 더 높이고 싶다면 '핵심문장 사설노트'를 만들라고 권하고 싶다. 핵심문장을 찾은 후 노트에 핵심문장을 옮겨 쓰는 방식이다. 이것은 개인적으로 연간회원들에게 반드시 시키는 방식이기도 하다. 이유는 크게 2가지이다. 하나는 학생부종합전형을 위한 스펙이며, 나머지 하나는 국어 어휘력을 높이기 위해서이다.

소논문을 쓰는 궁극적인 이유는 학생부종합전형으로 상위권 대학에 입학하기 위해서이다. 학생부종합전형의 3대 합격 변수는 '교과성적' '비교과성적' '자기소개서'라고 할 수 있다. 여기서 소논문 쓰기는 비교과성적에 해당한다.

앞에서 잠깐 이야기했지만 소논문 쓰기도 대중화되는 추세이다. 그렇게 특별한 스펙이 아니라는 것이다. 그렇다면 이런 상황에서 어떻게 나를 차별화할 수 있을까? 그 차별화를 위해 '사설노트'를 쓰라는 것이다.

소논문은 사설과 친척뻘 되는 글쓰기라고 했다. 학생부에 소논문만 기록되어 있기보다는 '신문사설을 3년간 매일 3개씩 읽으며 핵심문장을 찾고, 이를 꾸준히 개인 노트에 기록해 논리력을 길렀으며, 이는 국어성적이 놀라울 정도로 상승하는 데 도움이 됐다'라는 코멘트가 함께 있다면 어떤 생각이 들까?

이쯤에서 독자 여러분이 궁금해할 질문 2가지가 예상된다.

첫 번째 예상질문은 '신문사설 핵심문장을 찾기 위해 신문을 구독해야 하나요?'이다. 실제로도 많이 들었던 질문이기도 하다. 그렇다면 답은 무엇일까? '그럴 필요가 없다.' 신문사에는 무척이나 미안한 대답이지만, 사설은 신문사 홈페이지에서 얼마든지 무료로 볼 수 있고 출력도 할 수 있기 때문이다.

두 번째 예상질문은 '어떤 신문을 읽어야 하는가?'이다. 신문은 크게 진보와 보수 그리고 중도의 3가지 논조로 나눌 수 있다. 소논문을 쓰는 이유 중 하나는 논리적인 사고력을 기르는 데에도 목적이 있다. 신문사설을 읽고 핵심문장을 찾는 이유도 마찬가지이다. 그런데 논조에 따라 사설의 내용이 같지만 판이하게 다르다. 다루고자 하는 주제는 같지만 그 내용은 감탄을 불러일으킬 정도로 달라도 너무 다르다.

예컨대 '재벌들의 운전기사 갑질이 큰 논란'을 주제로 삼아보

자. 진보 성향의 논조는 '재벌들의 갑질 나쁘다. 사회적·제도적으로 재벌들의 이런 갑질이 나타나지 않도록 대책을 세워야 한다'라는 내용이 나온다. 그에 반해 보수 성향의 논조는 '재벌들의 갑질이 나쁘지만 그렇다고 마녀사냥식으로 흘러가서는 한국경제에 득이 될 것이 없다'는 식의 논조다.

이러다 보니 고민이 생길 수밖에 없다. 이 고민에 대한 답은 '하루는 진보, 그다음 날은 보수' 이런 식으로 번갈아가며 사설을 보는 방식으로 해결할 수 있다. 그리고 가급적이면 같은 주제로 선택하는 편이 더 좋다. 앞에서도 말했지만 입장에 따라 전혀 다른 주장이 전개되기 때문이다. 그 둘을 비교하면서 논리력과 더불어 세상을 보는 눈도 키울 수 있다.

마지막으로 하나만 더 짚어야겠다. 사설은 '어휘의 보고'라 할 수 있다. 아주 다양한 사회, 정치, 경제, 과학, 기술 등의 주제를 다루기 때문에 중학생 또는 고등학생이 이해하기 힘든 전문용어가 적지 않다. 사설에서 핵심문장을 찾으면서 덤으로 얻을 수 있는 것이 바로 이런 어휘이다. 읽으면서 뜻이 애매하거나 무슨 말인지 모르겠다면, 그런 어휘를 사설노트에 함께 기록하는 습관을 들이자. 이런 습관이 정착되면 수능을 칠 때, 특히 국어영역에서 큰 도움을 받을 수 있다.

　학생들이 국어에서 특히 '비문학'이라고 말하는 독서 지문을 어려워한다. 왜냐하면 인문, 사회, 철학, 예술, 과학, 기술 등 전문적인 지문이 등장하기 때문이다. 등장하는 어휘도 전문적이다. 지문을 읽는 것도 힘들지만 읽어도 도대체 무슨 말인지 이해가 안 되는 내용이 많은 것이다. 사설을 읽으면서 자신이 모르는 어휘를 챙겨본다면 절대 후회하지 않을 것이다. 또한 이렇게 해서 후회한 학생들은 지금까지 없었다는 사실을 강조하고 싶다.

3

핵심문장을 찾았다면 제목을 결정하자

눈치 빠른 독자라면 앞에서 예시로 삼은 사설에 제목을 비워두었다는 데 의문을 가졌을 것이다. 집필 중에 깜빡하고 제목을 빼놓은 것이 절대 아니다. 핵심문장을 찾았다면 이제는 자신이 직접 제목을 달아보는 연습을 해야 한다.

앞에서도 이야기했지만 사설을 읽는 목적은 어휘력과 문장력 그리고 논리력을 키우기 위해서라고 했다. 핵심문장을 찾은 후 자신이 제목을 뽑아보는 것도 어휘력과 문장력, 논리력에 아주 큰 도움을 준다. 지금부터 핵심문장을 찾은 후 제목을 뽑는 방법을 살펴보겠다. 일단 제목을 뽑기 위해선 다음의 3가지 요건을 지켜야 한다.

1. 간결하면서도 임팩트가 있을 것

2. 사람들의 눈길을 끌어낼 것

3. 핵심문장의 키워드를 포함할 것

다시 한 번 앞에서 다루었던 사설을 짚어보자.

비례대표제도는 각 정당의 득표수에 비례해 국회의원 당선자를 결정하는 방식으로, 보통 단독적으로 채택되기보다 선거구 단위로 후보들이 경쟁해 당선자를 결정하는 방식과 병행 실시되는 제도이다. 그동안 우리나라에서는 지역구에 대별되는 전국구 개념으로 각 선거구에 입후보한 각 정당 후보들의 득표를 전국적으로 합계해 그 비율에 따라 비례대표 의석을 배분하는 방법을 사용해왔다. 그러나 이 제도가 위헌 결정을 받음에 따라 우리나라에서는 제17대 국회의원 선거부터 지역 단위의 선거구에 입후보한 후보들에 대한 투표와 별도로 정당 지지 투표를 실시해 그 득표율에 따라 배분하는 방식으로 변경해 시행하고 있다. 즉, 자력으로는 국회 진입이 힘든 소외계층이나 약자들 그리고 전문가 집단을 진출시켜 국민에게 필요한 입법 활동을 하기 위해 채택된 제도이다.

그러나 현재 우리나라에서는 이런 비례대표제도의 본래 취지와는 거리가 멀게 운용되고 있다는 비판의 소리가 높다. 이번 20대 국회의원 총선거에서도 여야를 막론하고 비례대표 공천을 둘러싼 갈등 양상을 보면 여전히 제도의 본래 취지와는 전혀 다른 차원에서 전개되고 있음을 알 수 있다. 당내 계파 간 나눠먹기 또는 정치적 목적으로 영입한 인사들에게 자리를 배분하는 수단 등으로 오용되고 있기 때문이다. 이런 문제점은 각 정당의 비례대표 국회의원 후보자 공천 과정에서도 그대로 드러나고 있어 향후 대한민국 정치 개혁의 중요한 과제 중 하나라고 할 수 있다.

제목을 뽑아내기 위해선 핵심문장에서 핵심키워드를 추려야 한다. 위 사설의 핵심문장은 다음과 같다.

- **첫째 문단**

비례대표제도는 각 정당의 득표수에 비례해 국회의원 당선자를 결정하는 방식이다. 자력으로는 국회 진입이 힘든 소외계층이나 약자들 그리고 전문가 집단을 진출시켜 국민에게 필요한 입법활동을 하기 위해 채택된 제도이다.

- **둘째 문단**

현재 우리나라에서는 이런 비례대표제도의 본래 취지와는 거리가 멀게 운용되고 있다는 비판의 소리가 높다. 향후 대한민국 정치 개혁의 중요한 과제 중 하나라고 할 수 있다.

우선 첫째 문단의 핵심키워드를 찾아보는 데에서 시작한다. 1분 동안 직접 찾아보자.

첫째 문단의 핵심키워드는 무엇일까? 바로 '비례대표제도'이다. 첫째 문단은 비례대표제도에 대한 설명으로 시작해서 끝나기 때문이다. 둘째 문단의 핵심키워드는 무엇일까? 이곳에는 2가지가 있다. 바로 '비판의 소리'와 '정치 개혁의 중요한 과제'이다.

핵심키워드를 찾았다면 이제 제목 뽑아내기는 50퍼센트 이상 준비된 것이다. 이제는 핵심키워드를 가지고 이상향 월드컵을 진행해보자. 이상향 월드컵은 2개씩 짝을 지은 다음, 그중에서 마음이 가는 또는 선택하고 싶은 하나를 고르는 방식이다. 앞에서 찾은 핵심키워드는 총 3개였다.

   1. 비례대표제도

   2. 비판의 소리

   3. 정치 개혁의 중요한 과제

'비례대표제도'와 '비판의 소리' 중 하나를 선택해야 한다면 어떤 것을 선택하겠는가? 나는 비례대표제도를 선택하겠다. 왜냐하면 위 사설이 비례대표제도에 대한 내용이기 때문이다.

'비례대표제도'와 '정치 개혁의 중요한 과제' 중에는 어떤 것을 선택하겠는가? 나라면 역시나 비례대표제도를 선택하겠다. 이유는 동일하다.

앞에서 제목을 뽑는 3가지 원칙을 이야기했다. 그중 하나가 '핵심문장의 키워드를 선택할 것'이었다. 3개 중 하나는 끝났다. 이제 '간결하면서도 임팩트가 있을 것' 그리고 '사람들의 눈길을 끌어낼 것' 2개가 남았다.

기사들을 보다 보면 낚이는 경우가 적지 않다. 제목 때문이다. 흔한 패턴으로는 〈 ~ 알고 보니〉라는 제목이 있다. 제목에 호기심이 느껴져서 기사를 봤더니 실제로는 별 내용이 없는 기사들에 분노하고 실망했던 기억이 한 번쯤은 있을 것이다.

왜 그런 식으로 제목을 뽑았을까? 사람들의 눈길을 끌어야 하기 때문이다. 그래야 훨씬 많은 사람들이 기사를 보게 될 것이기 때문이다.

소논문도 마찬가지이다. 소논문도 제목을 붙인다. 하지만 많은 경우 딱딱하고 천편일률적인 제목이다. 대부분 〈 ~ 에 관한 연구〉로 끝난다. 계속해서 강조하지만, 소논문도 대중화되는 추세이다. 그렇게 특별한 스펙이 아니기 때문에 나를 차별화할 수 있는 다양한 시도가 필요한 것이다. 소논문 제목이 기발해서 절대 나쁠 것은 없다.

학생부종합전형을 담당하는 대학의 교직원들과 입학사정관들은 학생부와 자기소개서 등의 서류를 검토하다 보면 '지루하다'는 말을 공통적으로 한다. 학생부나 자기소개서에서 눈길을 끄는 뭔가가 부족하다는 것이다. 재미가 없다는 것인데. 실제 사례를 하나 소개하겠다.

모 대학 입학사정관과 자기소개서에 관련해서 이런저런 이야기를 하던 중이었다. 그때 우연히 가장 인상 깊었던 자기소개서에

진짜 공신들만 보는 대표 소논문

대한 이야기가 나왔다.

"사정관님, 가장 기억에 남는 자기소개서는 어떤 거였어요?"

이 물음에 입학사정관은 '나는 인간쓰레기였다'로 시작되는 자기소개서가 가장 기억에 남는다고 답했다. 여느 때처럼 산처럼 쌓여 있는 자기소개서를 기계적으로 읽고 있었던 중에, 갑자기 '나는 인간쓰레기였다'라는 상상 이상의 문장이 나오니 정신이 확 깨더란다.

만약 독자들이 입학사정관이라고 상상해보자. 고만고만한 내용으로 가득한 자기소개서에서 남과 다른 임팩트가 강한 문장이 있다. 어떻게 할 것 같은가?

1. 타인의 관심을 받고 싶어 하는 별종이므로 쓰레기통에 버린다

2. 뭐지? 뭘 했기에 인간쓰레기라고 하지? 궁금해하면서 관심 있게 읽어

   본다

대부분 2번을 선택할 것이다. 그 사정관도 2번이었다. 결론부터 이야기하면 그 인간쓰레기 친구는 최종 합격의 기쁨을 누렸다.

"응? 인간쓰레기였다는데 어떻게 합격을 했어요? 내신등급은 쓰레기가 아니었나 보네요?"

"아뇨. 처음에는 그저 재밌는 친구라고만 생각했어요. 그런데 그 자기소개서를 끝까지 읽고 싶어지더라고요. 실제로 읽어보니 결론은 인간쓰레기가 아니었어요. 한때는 그런 삶을 살았지만 부모님의 눈물로 정신을 차렸고, 뒤늦게 공부에 재미를 느껴 성적도 많이 올랐더군요. 그래서 어떤 친구인지 얼굴이라도 보고 싶어 면접에 합격시켰어요."

그래서 이 학생은 과거의 자신을 '인간쓰레기였다'라는 '과거형'으로 표현했던 것이다. 이 말은 이제는 과거의 내가 아니라는 것과도 같다. '과거에는 그랬지만 지금은 이렇게 극복했다. 오히려 그런 과정을 통해 나는 1단계 더 성숙했다'는 메시지를 담고 있는 것이다.

수시전형 기간이 되면 입학사정관들은 매일 수십 건의 학생부와 자기소개서를 검토한다. 화장실 갈 시간도 부족할 정도이다. 그런 상황에서 〈~ 연구〉로 끝나는 제목의 소논문을 보다가, 눈에 띄게 기발한 제목의 소논문이 있다면 어떨까? 예컨대 〈언론에서 ~ 알고 보니 기사를 쓰는 이유는?〉이라는 제목의 소논문이다. 아마도 '소논문 제목이 독특하네? 뭐하는 학생이지?' 하면서 좀 더 관심을 가지고 살펴보게 될 터이다. 그래서 지금 소개하는 제목 뽑는 연습을 하는 것이다.

진짜 공신들만 보는 대표 소논문

마지막으로 '간결하면서도 임팩트가 있을 것'에 대해 살펴보자. 긴 제목은 눈길을 끌기 어렵다. 그리고 임팩트를 주지 못한다. 그렇다면 아무리 좋은 글과 소논문을 작성해도 관심을 얻기 힘들다. 간결하면 임팩트도 따라온다고 생각해야 한다. 앞에서 말한 제목 뽑기 3가지 원칙으로 제목을 뽑아보자. 이 시점에서 뽑은 제목을 공개한다.

〈비례대표제도, 할 거면 제대로 하자!〉

이 제목의 특징을 살펴보자. 〈비례대표제도, 할 거면 제대로 하자!〉에는 앞에서 말한 제목 뽑기 3가지 원칙이 모두 담겨 있다. 하나, 간결하면서도 임팩트가 있다. 둘, 사람들의 눈길을 끌 수 있다. 셋, 핵심문장에서 찾은 키워드도 들어가 있다.

어쩌면 초보자들에게는 이처럼 제목을 뽑아내는 것이 다소 어려울 수도 있다. 그래도 어쩔 수 없다. 지금까지 강조한 내용을 토대로 매일같이 고민해보자. 그런 노력이 쌓일 때, 그렇게 소논문을 쓸 때, 그때 남들과는 다른 제목으로 차별화할 수 있기 때문이다.

소논문 쓰기
첫 번째 스텝

연구주제 선정하기

    소논문이 뭔지는 다들 잘 알 것이다. 소논문은 '자신의 학문과 지적 호기심을 다양한 참고자료를 통해 설명 또는 주장하는 논증적 글쓰기'라고 말했다. 또한 소논문은 학생부종합전형을 준비하거나 외고, 국제고 등 특목고에 진학할 때 아주 요긴하게 활용할 수 있는 스펙이기도 하다. 이렇게 유용한 소논문 쓰기의 첫 번째 단계는 '어떤 내용으로 써야 할까?' 즉 연구주제를 정하는 것에서 시작된다.

어떤 식으로 연구주제를 정하는 것이 좋을지 고민될 때는 다음의 3가지를 우선적으로 염두에 둬야 한다.

1. 관심분야에서 주제 찾기

2. 자신이 지원하고자 하는 분야에서 주제 찾기

3. 내가 해결할 수 있고 연구할 만한 가치가 있는지 따지기

소논문은 대필을 맡기는 일부 특수한 경우를 제외하고는 자신 또는 동료들과 직접 자료를 찾고 실험을 하고 결과를 도출해 결론을 내는 소논문의 전 과정이 자기주도적으로 진행돼야 한다. 그렇기 때문에 위에서 말한 3가지를 염두에 둬야 한다. 관심분야에서 주제를 찾는 것이 필요한 이유는 그래야만 자기주도적으로 소논문 작성의 전 과정을 진행할 수 있기 때문이다. 앞에서 말한 대필을 맡기는 일부 특수한 경우에 대해 짚어보자. 이런 경우를 찾기는 실제로 어렵지 않다.

한번은 이런 적도 있었다. 수험생과 상담을 하고 있었다. 그런데 그 수험생은 자신이 썼다는 소논문에 대해 하나도 기억하지 못했다. 기억상실증 수준이라 할 수 있을 정도였다. 후에 알고 보니 부모님이 전문가의 손을 빌려 만들어온 소논문이기 때문이었다.

세포와 관련한 소논문이었는데 비전공자가 봐도 너무나 전문적인 내용이었으므로 충분히 의심을 살 만했다.

이런 경우 학생부종합전형에서 운 좋게 서류평가를 통과해서 2단계 면접에 올라가도 질문 몇 번이면 표가 나게 마련이다. 따라서 자기주도적으로 하는 것이 필요하다. 그렇기 때문에 관심분야에서 주제를 찾으라고 권하는 것이다. 관심분야인 만큼 흥미를 가지고 재밌게 접근할 수 있을 테니 말이다.

두 번째 '자신이 지원하고자 하는 분야에서 주제 찾기'는 대부분 관심분야와 곧 자신이 지원하고자 하는 분야가 겹치기 때문에 크게 신경 쓸 것은 아니다.

소논문 쓰기의 시작에 있어 가장 중요하게 생각하는 것은 바로 세 번째인 '내가 해결할 수 있고 연구할 만한 가치가 있는지 따지기'이다. 앞에서 말한 관심분야에서 주제 찾기와 자신이 지원하고자 하는 분야에서 주제 찾기는 따로 이야기할 필요가 없다. 쉽기 때문이다.

'내가 해결할 수 있고 연구할 만한 가치가 있는지 따지기'는 반드시 짚고 넘어가야 한다. 어렵기 때문이다. 이제부터 왜 어려운지 하나씩 따져보자.

가상의 인물로 올해 고3인 A군을 등장시키겠다. 이 친구는 역사에 관심이 많다. 대학도 역사 관련 학과로 가고 싶어 한다. 그래서 소논문도 역사 쪽에 초점을 맞춰 쓸 생각이다. 앞에서 말한 첫째와 둘째인 주제 찾기와 자신이 지원하고자 하는 분야에서 주제 찾기는 끝난 것이다. 문제는 '내가 해결할 수 있고 연구할 만한 가치가 있는지 따지기'를 따져보는 것이다.

쉽게 이야기해보자. 처음에는 단순히 '빵'을 만들고 싶다. 두 번째는 빵 중에서도 '식빵'을 만들고 싶다. 세 번째는 '구체적으로 어떤 식빵을 만들 것인가?'이다. 우유식빵? 옥수수식빵? 밤식빵? 이처럼 내가 가진 능력으로 어떤 빵(어떤 소논문)을 만들 것인지 구체적으로 결정하는 단계인 것이다. 앞에서 말한 등식을 A군의 소논문에 도입시켜보자. 다음과 같이 요약할 수 있다.

첫째. 역사를 좋아한다

둘째. 그중에서도 조선 시대의 임진왜란에 대해 흥미를 느낀다

셋째. 임진왜란에서도 특히나 순왜(조선을 배신하고 일본 편에서 싸운 조선인)

　　　에 대해 관심이 높다

따라서 A군은 순왜에 대한 소논문을 쓰기로 결심했다. 또한 〈그들은 왜 순왜가 되었는가? 임진왜란의 조선인 변절자 그들을 위

한 변명〉이라는 근사한 제목도 뽑아두었다.

자, 여기까지 보자. 앞에서 말한 3가지 중 '관심분야에서 주제 찾기' '자신이 지원하고자 하는 분야에서 주제 찾기'라는 2가지는 충족되었다. 하지만 '내가 해결할 수 있고 연구할 만한 가치가 있는지 따지기'는 어떻게 봐야 할까?

다음 장의 이미지를 살펴보자. 이것은 한 지인이 서울대 대학원에서 박사학위를 받은 논문의 뒤쪽이다. 참고로 학회에서 우수논문상도 수상했다. '참고문헌'이라고 논문을 쓸 때 참고한 자료를 기록한 페이지인데, 이것만 30페이지에 달할 정도로 방대하다. 논문을 쓰기 위해서는 참고할 만한 자료가 많아야 한다는 것을 증명한다.

자료가 많지 않다면 제아무리 제목이 근사하고 관심을 가지고 있는 주제라 할지라도 논문을 쓰기가 어렵다. A군의 문제점은 바로 여기에 있다. 참고할 만한 자료가 많지 않다는 것, 즉 내가 해결할 수 없는 주제라는 점이다.

참고문헌

■ 1차 자료

<문서집>
  Library of Congress, Manuscript Division, Washington, D.C.
Elihu Root Papers
William Carter Papers
Leonard Wood Papers
Theodore Roosevelt Papers
William Howard Taft Papers
Woodrow Wilson Papers

  National Archives I, Washington, D.C.
Congressional Serial Set, 1899 – 1916
Record Group 94, Records of the Adjutant General's Office
Record Group 393, Records of the Continental Army Command

  National Archives II, College Park, Maryland
Record Group 165, Records of the War Department General and Special Staffs

  United States Army Military History Institute,
  Carlisle Barracks, Pennsylvania

Nelson A. Miles Papers

United States Military Academy Library Special Collections and Archives,

West Point, New York

Tasker H. Bliss Papers

Emory Upton Papers

<정부 문서 및 간행물>

Congressional Serial Set, 1899 – 1916.

Congressional Record, 55th Cong., 3rd sess., 1899 –
Congressional Record, 64th Cong., 2nd sess., 1916.

U.S. Congress. House. Annual Reports of the War Department for
the Fiscal Year Ended June 30, 1989 – 1916, Report of the
Secretary of War

U.S. Congress. House. Annual Reports of the War Department for
the Fiscal Year Ended June 30, 1989 – 1916, Report of the
Chief of Staff

U.S. Congress. House. Annual Reports of the War Department for
the Fiscal Year Ended June 30, 1989 – 1916, Report of the
Adjutant General

U.S. Congress. House. Annual Reports of the War Department for
the Fiscal Year Ended June 30, 1989 – 1916, Report of the
Inspector General

U.S. Congress. House. Annual Reports of the War Department for

참고문헌 예시

일정표가 나와야
소논문이 나온다

"정말 일정표가 나와야만 소논문이 나오나요?"

이런 진지한 질문을 하는 독자들을 위한 대답은 무얼까?

"네, 그렇습니다."

대답은 1가지뿐이다. 특히나 소논문 같은 논리적인 글쓰기를 준비하는 경우라면 말이다. 소논문 쓰기를 떠올리면 '어렵다' '시간이 많이 걸릴 것이다' '혼자서 할 수 있을까?' 등 대부분 부정적인 키워드들이 반기게 마련이다. 그렇기 때문에 소논문을 쓰고자 결심했다면 처음부터 일정표를 수립하는 것이 더더욱 중요하다.

오프라인에서 학생들을 만나 소논문을 지도하면서 일정표에 대한 이야기를 꺼내면 대부분 부담스러워한다. 왜 그럴까? 이유는 간단하다. 그 일정표대로 지킬 수 있을지 심히 걱정되기 때문이다. 그런 이유로 일정표 쓰기를 거부하는 경우도 적지 않다. '계획이 있으면 심적으로 부담되기 때문에 오히려 집중할 수 없다'는 그럴듯한 변명도 함께 덧붙인다. 이런 변명 저런 핑계 모두 필요 없다. '소논문 시작과 일정표는 한 몸'이라 강조하고 싶다.

혹시 '2분의 법칙'이라고 들어본 적이 있는지 모르겠다. 어떤 일이든 아무리 하기 싫은 일이라도 일단 2분 동안 해보라는 것이다. 누구나 공감할 것이다. 예컨대 운동을 해야 한다. 하지만 집에만 있다 보니 귀찮고 움직이기 싫다. 이런 경우 일단 운동복으로 갈아입고 현관 문 밖으로 나가야 한다. 그러면 어느 순간 운동을 하고 있는 자신을 발견하게 된다. 나 역시 마찬가지이다. 원고를 써야 하는데 정말 쓰기 귀찮고 이유 없이 미루고 싶을 때가 많고도 많다. 그런데 일단 컴퓨터를 켜면 언제 그랬냐는 듯 몇 시간이고 원고를 쓰고 있는 나 자신을 발견하며 놀라곤 한다.

소논문 쓰기에 일정표가 필요한 이유도 같은 맥락이다. 일정표가 없으면 마음의 부담은 없겠지만 소논문도 없다. 대신 그 자리는 '내일' '다음에'와 같은 단어로 가득해질 것이다. 대신 일정표가 있다면 마음의 부담은 있지만 소논문도 있다. 일정표는 2분의 법칙에서 2분을 담당한다.

일정표를 세우는 방법에 대해 설명하겠다. 가장 먼저 당부하는 것은 '절대 부담을 가지지 말라'는 것이다. 완벽한 계획은 이 세상 어디에도 없다. 언제든 여러 이유로 변동이 되기 때문이다. 따라서 처음부터 완벽한 계획을 상상하지 말자. 일단 다음의 일정표를 참고하자. 어떤 특징이 있을까?

우선 일정이 주간 단위로 구성되어 있다는 점이다. 월간 단위로 세우는 것도 없는 것보다는 낫겠지만, 일정표는 가급적 구체적이어야 한다. 지금까지의 경험상 주간 단위로 계획을 세울 때 가장 효율적이었다. 예시로 보여주는 일정표는 분량 때문에 1과 2로 구분했다. 이 일정표 1과 일정표 2를 하나의 서식으로 합쳐서 활용해도 되고, 책에서 소개하는 것처럼 분리해서 써도 된다. 보통 소논문 1편을 완성하는 데 필요한 단계는 다음과 같이 8단계로 나눌 수 있다.

1. 논문주제 선정 및 자료수집

2. 목차 세우기

3. 서론

4. 본론

5. 결론

6. 피드백(수정, 보완)

7. 초록, 참고문헌

8. 연구일지

　개인과 단체, 실험과 설문이 추가될 경우는 중간발표, 실험일정, 설문기간 등 필요한 일정을 적절히 추가하면 된다.

〈 일정표 1 〉

논문주제:				
일정	논문주제 선정 및 자료수집	목차 세우기	서론	본론
5월 1일 ~ 5월 8일				
5월 9일 ~ 5월 15일				
5월 16일 ~ 5월 22일				

5월 23일 ~ 5월 29일				
5월 30일 ~ 6월 5일				
6월 6일 ~ 6월 12일				

〈 일정표 2 〉

논문주제:				
일정	결론	피드백 (수정, 보완)	초록, 참고문헌	연구일지
6월 13일 ~ 6월 19일				
6월 20일 ~ 6월 26일				
6월 27일 ~ 7월 3일				
7월 4일 ~ 7월 10일				
7월 11일 ~ 7월 17일				

자료는 어떻게 찾을까?

앞서 이야기했지만 A군이 탐구하고자 하는 주제의 문제점은 참고할 만한 자료가 많지 않다는 데 있었다. 이 말은 소논문의 전제 조건 중 하나는 바로 '쓰고자 하는 주제와 관련한 풍부한 자료'라고 바꿀 수 있다.

소논문을 쌀독에 비유하자면, 참고자료라는 쌀이 가득 차 있는 경우와 아닌 경우는 어떤 차이가 있을까? 쌀독에 쌀이 가득할 경우는 쌀을 퍼내기도 쉽지만 필요에 따라 쌀을 골라내기도 쉽다.

왜? 쌀이 많기 때문이다. 하지만 쌀독에 쌀이 얼마 없는 경우라면 퍼내기도 힘들뿐더러 골라낼 것도 별로 없다. 많지 않으니까 말이다. 이 쌀로 밥을 짓는다고 가정해보자. 쌀독에 쌀이 가득한 경우는 보기 좋고 먹기 좋은 쌀알을 골라내서 밥을 지을 수 있다. 하지만 아닌 경우라면 찬밥 더운밥 가릴 처지가 아니다. 그냥 지어야 한다.

이 둘의 결과는 어떨까? 당연히 전자의 승리이다. 소논문의 질적인 성패도 같은 맥락이라고 생각하면 된다. 따라서 주제를 선정했다면 그 주제에 대한 참고자료가 얼마나 많은지부터 따진 다음, 그 주제로 소논문을 쓸지 말지를 결정하는 것이 필요하다.

참고자료를 찾는 방법을 구체적으로 알아보자. 가장 빠르고 간편한 방법은 인터넷이다. 컴퓨터뿐 아니라 스마트폰 등으로도 가장 빨리 검색할 수 있기 때문인데, 사실과 다른 잘못된 자료도 많다는 것 또한 단점이다. 단점을 극복하는 방법은 뒷장에서 자세히 다루도록 하겠다.

학술정보검색서비스 활용

학생들이 소논문 쓰기에 많이 활용하는 학술정보검색서비스는 디비피아(www.dbpia.co.kr)와 KRpia(www.krpia.co.kr)가 대표적이다. 학술정보검색서비스 중에는 유료서비스가 많다는 단점이 있다. 학계로부터 전문성과 신뢰성을 검증받은 자료이기 때문이다. 디비피아와 KRpia의 장점은 원하는 키워드를 넣으면 쉽고 간편하게 원하는 정보를 찾을 수 있다는 것이다.

예를 들어보자. 앞에서 순왜에 대한 주제로 소논문을 쓰고자 하는 A군이 KRpia에서 관련 자료를 찾고 싶어 한다. 다음의 이미지 2개를 참고하자.

먼저 KRpia의 홈페이지 메인을 보자. 상단에 있는 검색창에 자신이 찾고자 하는 키워드를 입력한 후 돋보기 모양을 클릭하면

KRpia 홈페이지

된다.

A군은 '순왜'를 키워드로 넣었다. 그 검색결과가 바로 두 번째 이미지이다. 역사지리 3개, 문학 45개, 예술 1개, 인물전집 · 사전 1개 등 50개 정도가 검색되었다.

KRpia의 '순왜' 검색 결과

검색된 분량도 적지만 임진왜란의 '순왜'와는 관계없는 '순왜지'라는 종이 관련 내용도 다수 포함되어 있다. 이런 결과를 확인한 A군은 충격을 받았다. 자료가 부족하기 때문에 순왜라는 주제로 소논문 쓰기가 어렵다는 것을 확인했기 때문이다.

하지만 실망하기는 아직 이르다. KRpia는 많이 활용하는 서비스라고 했다. 이것 말고도 검색할 방법은 아직 많다. 가장 추천하는 방법은 국가전자도서관을 활용하라는 것이다.

국가전자도서관(www.dlibrary.go.kr)은 국립중앙도서관, 국회도서관, 법원도서관, 한국과학기술원도서관, 한국과학기술정보연구원, 한국교육학술정보원, 농업진흥청 농업과학도서관, 국방전자도서관의 8개 공공기관 자료를 검색할 수 있는 사이트이다. 자료에 따라 원문을 바로 볼 수 있기도 하지만, 협약을 맺은 기관의 전산망을 통해 접속해야만 하거나 아니면 해당 도서관으로 방문을 해야만 자료를 열람할 수 있는 경우도 생긴다.

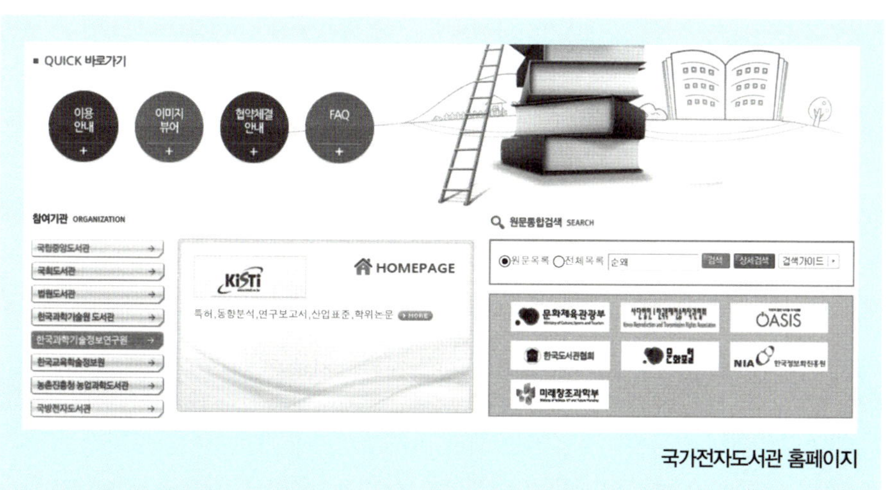

국가전자도서관 홈페이지

A군은 국가전자도서관 홈페이지에 접속해 '순왜'라는 키워드를 검색했다. 그랬더니 다음과 같은 결과가 나왔다. 검색결과는 고작 4건에 불과했다.

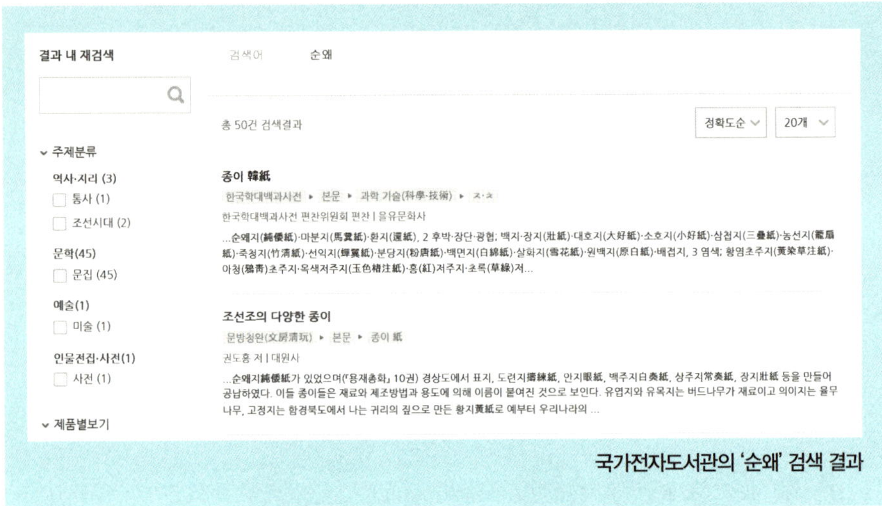

국가전자도서관의 '순왜' 검색 결과

A군은 혹시나 하는 마음에 구글학술검색(scholar.google.co.kr), 국내 포털사이트의 전문정보(academic.naver.com), 카인즈(www.kinds.or.kr), JSTOR(www.jstor.org) 등 유명한 학술검색사이트를 다 뒤졌다. 그렇지만 만족할 만한 성과를 얻지 못했다. 이 정도까지 검색했는데도 참고자료가 없다면, 그 주제로 소논문을 쓰는 것은 정말 어려워진다. 소논문은 '학문과 지적 호기심을 다양한 참고자료를 통해 설명

또는 주장을 하는 논증적 글쓰기이기 때문이다. 아쉽지만 A군은 순왜라는 주제를 포기하고 다른 주제를 찾기로 결정했다.

다음은 연구주제를 선정할 때 도움을 주는 서식이다. 이 서식을 순서대로 채워나가면 결정장애를 예방하는 데 많은 도움이 될 것이다. A군의 사례를 서식에 대입해보면 '대주제: 조선 → 중주제: 임진왜란 → 소주제: 순왜 → 핵심내용: 임진왜란 당시 조국을 등지고 일본인 편에서 싸운 조선인들의 변절과정과 활동상을 토대로 유형을 분류하고 조선 정부의 반응과 대응·처벌 등을 토대로 그들을 그렇게 만든 조선 시대의 사회상을 들여다본다 → 참고자료: 적다' 등으로 정리 가능하다. 그럼 이 내용을 표로 만들어보자.

〈 연구주제 정리 서식 〉

대주제	중주제	소주제	핵심내용	참고자료
조선 시대	임진왜란	순왜	임진왜란 당시 조국을 등지고 일본인 편에서 싸운 조선인들의 변절과정과 활동상을 토대로 유형을 분류하고 조선 정부의 반응과 대응·처벌 등을 토대로 그들을 그렇게 만든 조선 시대의 사회상을 들여다본다.	적다.

A군은 역사에 관심이 많다고 했다. 그것도 전쟁과 관련된 역사에 관심이 많다. 따라서 이번에도 전쟁과 관련한 주제를 고민했다. 그 결과 나온 것이 한국전쟁이었다. A군이 한국전쟁을 선택한 이유는 비교적 최근의 역사적 사실이라 관련 자료가 풍부할 것이라고 생각했기 때문이다.

연구주제는 '한국전쟁 삐라 연구 – 투항과 귀순의 설득 메커니즘 비교'로 잡았다. A군은 '삐라'라고 불리는 선전전단에도 관심이 많았다. 한국전쟁 당시 연합군과 북한, 중공군 사이에서 오고 간 수많은 삐라 중, 상대방의 투항과 귀순을 유도하기 위한 삐라를 비교 분석해 상대방 진영의 설득 메커니즘에 대한 이야기를 하겠다는 것이다.

다행히도 A군의 예상과 비슷하게 각종 학술정보검색사이트를 찾아보니 다양한 참고자료가 많았다. 이제는 다음 단계로 넘어갈 수 있겠다. 그 전에 다음과 같이 표로 정리한 학습정보검색사이트별 종류와 특징을 숙지하고 넘어가도록 하자.

명칭	특징
국가전자도서관 www.dlibrary.go.kr	유료+무료, 8개 공공기관 자료를 한 번에 검색해준다. (국립중앙도서관, 국회도서관, 법원도서관, 한국과학기술원도서관, 한국과학기술정보연구원, 한국교육학술정보원, 농업진흥청 농업과학도서관, 국방전자도서관)
구글 학술 검색 scholar.google.co.kr	유료+무료, 논문과 각종 단행본 검색 가능하다.
디비피아 www.dbpia.co.kr	유료, 국문뿐 아니라 외국어(영어, 일어, 중국어 등) 작성 논문이 검색 가능하다.
네이버 전문정보 academic.naver.com	유료+무료, 논문과 각종 단행본, 국가기록물 등을 제공한다.
카인즈 www.kinds.or.kr	국내 최대 뉴스검색사이트이다. (각종 기사 및 뉴스 검색 가능)
JSTOR www.jstor.org	해외저널+학술자료가 검색 가능하다.
KRpia www.krpia.co.kr	유료+무료, 논문과 각종 단행본이 검색 가능하다.
교보문고스콜라 scholar.dkyobobook.co.kr	유료+무료, 학회지 및 연구간행물 원문 정보를 제공한다.
국가통계포털 www.kosis.kr	국가승인통계를 제공한다.
교과 연계 학습자료 검색	• 국립중앙과학관 www.science.go.kr • 교수학습지원센터 www.classroom.re.kr • 한국과학창의재단 사이언스올 www.scienceall.com • 에듀넷 www.edunet.net

위키피디아 등 인터넷 백과사전 활용

위키피디아는 대표적인 인터넷백과사전서비스이다. 사용자들의 자발적인 참여로 만들어지는 참여형 백과사전이다 보니, 출처가 불명확한 사실과 다른 잘못된 정보를 올린다거나 저작권 등 법적으로 문제가 될 수 있는 콘텐츠 등으로 한계도 있다. 사실 위키피디아와 같은 인터넷백과사전과 온라인포털을 활용한 자료수집에는 상당히 부정적인 입장이다. 소논문은 중학생과 고등학생을 대상으로 하지만 엄연히 논문이기 때문이다.

학위논문을 살펴보면 위키피디아 또는 온라인포털을 출처로 한 참고문헌은 찾기가 쉽지 않다. 왜 그럴까? 앞에서 말한 이유 때문이다. 유명한 연예인과 교수, 사회 저명인사 들이 논문 표절 때문에 곤란을 당하는 경우가 적지 않다. 소논문 쓰기에 입문할 때부터 다소 힘들고 번거롭겠지만 제대로 배우는 것이 대학에 가서도 사회에 진출해서도 유익할 것이다. 온라인상에서 정보를 찾을 때는 가급적 앞에서 언급한 학술정보검색사이트를 활용하는 습관을 들이자.

논문은 학위논문이든 소논문이든 권위가 필요하다. 학문적 권위 말이다. 학문적 권위는 권위 있는 참고자료에서 시작된다.

예를 하나 들어보자. 아래 논문은 앞서 말한 지인이 쓴 서울대 대학원 박사학위논문의 일부이다. 이 책을 읽는 동안 이 논문이 자주 등장할 것이다. 이유는 간단하다. 학회에서 우수논문상을 수상할 정도의 논문이라면 소논문의 시작과 끝까지 제대로 배울 수 있는 훌륭한 멘토로서 더할 나위 없이 적합하기 때문이다. 이 논문의 제목은 〈20세기 초 미 육군 개혁과정〉이다. 어렵게 생각하지 말고 읽어보도록 하자. 내용의 이해를 떠나서 논문의 형식을 살펴보길 바란다.

배타적인 집단으로 만들려는 시도로 비판되었다.[1]

이와 같은 형식으로 표현된 것을 '각주'라 한다. 각주는 '논문 등 논리적인 글을 쓸 때, 본문의 어떤 부분의 뜻을 보충하거나 풀이한 글을 본문의 아래쪽에 따로 단 것'이라는 의미이다. 논문을 쓸 때는 이런 식으로 각주를 달 일이 참 많다.

각주는 인용하기와 참고문헌의 2가지 형태가 일반적이다. 각주에 대한 이야기는 뒤에서 자세히 다루겠다. 앞에서 다룬 각주는 참고문헌을 밝히는 각주다. 'Peter Daniel Skirbunt, Prologue to Reform: The Germanization of the United States Army, 1865 –

1898, Ph. D. Dissertation, The Ohio State University, 1983, p, 3.’ 라는 내용이 담겼다. ‘피터 대니얼 스킬번트, 개혁의 시작: 미 육군의 독일화, 1865-1898, 박사학위논문, 오하이오주립대학교, 1983년, 3페이지’ 정도로 번역 가능하다.

어떤 느낌인가? 대부분은 무슨 말인지는 모르겠지만 미국 대학교의 박사학위논문을 참고한 내용이니 신뢰할 수 있다는 느낌이 들 것이다. 하지만 다음과 같다면 어떨까?

〈 각주의 출처가 위키피디아인 경우 〉

육군 대학의 설립 등 육군 교육 체제의 개선도 군을 강화하고 군대를 배타적인 귀족집단으로 만들게 될 것이라는 이유로 거부되었다. 정규군에 대한 거부는 주로 건국 이전 식민시기에 형성되고 강화된 것이었다. 이 시기 동안 정규군은 식민 모국의 수탈 기구였을 뿐 아니라 미국이 새로운 이상으로 삼았던 평등하고 자유로운 사회를 위협하는 사회적 압제의 도구로 인식되었다. 따라서 미국은 건국 이후 사관학교의 입학 정원을 지역적으로 분배하는 등 정규군이 배타적인 특권 집단이 되는 것을 크게 경계해 왔다. 이러한 관점에서 육군 대학의 설립과 군 교육 체계의 강화는 군

대를 강화하는 동시에 군을 배타적인 집단으로 만들려는 시도로 비판되었다. [1)

---

1) 육군 대학은 또 프러시아 독일군 개혁의 상징으로 독일 군국주의를 미국에 도입하는 시도로 비판되기도 하였다. 육군 대학은 프러시아가 나폴레옹 군대에게 패배한 뒤 일군의 개혁 세력이 육군 쇄신을 위해 세운 대표적인 기구 중 하나였기 때문이다. 미 육군의 개혁과정, 위키피디아(https://ko.wikipedia.org)

〈 각주의 출처가 전문 논문인 경우 〉

육군 대학의 설립 등 육군 교육 체제의 개선도 군을 강화하고 군대를 배타적인 귀족집단으로 만들게 될 것이라는 이유로 거부되었다. 정규군에 대한 거부는 주로 건국 이전 식민시기에 형성되고 강화된 것이었다. 이 시기 동안 정규군은 식민 모국의 수탈 기구였을 뿐 아니라 미국이 새로운 이상으로 삼았던 평등하고 자유로운 사회를 위협하는 사회적 압제의 도구로 인식되었다. 따라서 미국은 건국 이후 사관학교의 입학 정원을 지역적으로 분배하는 등 정규군이 배타적인 특권 집단이 되는 것을 크게 경계해 왔다. 이러한 관점에서 육군 대학의 설립과 군 교육 체계의 강화는 군대를 강화하는 동시에 군을 배타적인 집단으로 만들려는 시도로

비판되었다.[1]

------

1) 육군 대학은 또 프러시아 독일군 개혁의 상징으로 독일 군국주의를 미국에 도입하는 시도로 비판되기도 하였다. 육군 대학은 프러시아가 나폴레옹 군대에게 패배한 뒤 일군의 개혁 세력이 육군 쇄신을 위해 세운 대표적인 기구 중 하나였기 때문이다. Peter Daniel Skirbunt, Prologue to Reform: The Germanization of the United States Army, 1865-1898, Ph. D. Dissertation, The Ohio State University, 1983, p, 3.

자, 동일한 내용이지만 그 출처가 인터넷 위키피디아라고 가정하면 어떤 느낌이 들까? 앞서와 같은 수준의 신뢰는 어려울 것이다. 따라서 참고만 하는 수단으로 활용하는 것이 좋겠다. 인터넷 백과사전은 위키피디아 외에도 가장 많이 검색되거나 주요 이슈가 되는 표제어를 기획별·주제별로 분류해서 제공하는 포털사이트의 캐스트 역시 많이 활용하는 추세이므로 참고하자.

진짜 공신들만 보는 대표 소논문

소논문 쓰기
두 번째 스텝

연구주제를 결정했으면 설계도부터 만들자

소논문 쓰기 첫 번째 스텝에서는 연구주제 선정과 참고문헌 등 각종 자료를 찾는 방법을 살펴봤다. 두 번째 스텝에서는 실제로 논문을 쓰는 과정을 다루려 한다.

글쓰기는 어렵기도 하지만 쉽기도 하다. 하지만 소논문처럼 논리적인 글쓰기는 무조건 어렵게만 생각이기 십상이다. 아직 쓰지도 않았는데 '어떻게 쓸까'라는 생각이 들면 그저 한숨만 나오고 걱정이 앞선다. 그러나 소논문처럼 논리적인 글쓰기는 거푸집만 만들어놓으면 이후 과정은 생각보다 쉽게 진행된다는 특징이 있다. 거푸집은 기둥, 바닥, 벽 등 콘크리트를 부어 만들 모양의 틀을 짠 후 콘크리트를 부어 넣고 콘크리트가 모양대로 굳으면 떼어내는 틀을 말한다. 거푸집이 없다면 콘크리트를 원하는 모양으로 만들 수 없는 것이다. 글쓰기도 이런 거푸집이 필요하다. 글쓰기에서 거푸집은 바로 '핵심문장'이다.

다시 한 번 A군의 사례로 돌아가 보자. A군은 '한국전쟁 삐라연구 – 투항과 귀순의 설득 메커니즘 비교'라는 주제를 잡았다. 학술정보검색사이트를 통해서 참고자료가 아주 풍부하다는 것도 확인했다. 그렇다면 이다음 단계는 무엇이 되어야 할까? '목차를 세워야 한다'라고 대답할 사람이 많을 것이다. 하지만 아직은 아니라고 대답하겠다.

글쓰기의 거푸집은 목차가 아니라 줄거리이다. 보통은 '주제를 정한다 → 주제와 관련한 각종 자료를 수집하고 분석한다 → 목차를 만든다 → 목차별 내용을 채운다'의 순서를 생각한다. 하지만 이 책에서 제시하는 설계도는 다르다. 다음과 같은 순서로 진행돼야 한다.

앞에서 말한 보통의 경우와 이 순서는 여러모로 다르다. 지금 설명한 순서대로 한다면 보통의 경우와는 달리 시간적으로 더 빠르고 더 수월하게 소논문을 작성할 수 있다. 그 이유는 설명서가 있고 없고의 차이 때문이다. 레고를 조립할 때 설명서는 필수이다. 설명서가 없으면 조립이 어렵다. 그리고 있다 해도 순서가 뒤죽박죽이라면 조립시간은 더 늘어나는 것과 마찬가지이다.

잘 생각해보자. 주제를 정했다면 사실은 절반 정도는 완성한 것이다. 내가 연구해서 탐구하고자 하는 내용이기 때문이다. 이 주제에 약간의 살만 붙이면 줄거리는 만들어진다. A군은 〈한국전쟁 삐라연구 – 투항과 귀순의 설득 메커니즘 비교〉라는 제목을 붙였다. 어떤 내용을 담고 싶어서 이런 제목을 달았을까?

한국전쟁 당시 연합군과 공산군 측의 삐라 중 상대방의 투항과 귀순을 유도하는 삐라만 분류한 다음, 공통점과 차이점을 분석한 후 설득 메커니즘의 차이는 무엇인지, 그리고 설득 메커니즘의 차이는 결과에 어떤 영향을 미쳤는지를 각종 연구결과와 설문 등을 통해 연구하고 싶기 때문이다. 이것이 바로 그 논문의 줄거리이다.

논문의 줄거리가 정리됐으니 이제는 그 줄거리를 담을 수 있는 목차를 만들어야 한다. 이것은 어디까지나 가목차라고 생각하자. 확정된 목차가 아니라는 것이다.

가목차는 철사로 대충의 뼈대를 만드는 작업이라고 이해하면 좋겠다. 어느 정도 뼈대가 있어야 찰흙을 붙여서 조각을 만들 수 있듯, 비록 나중에 여러 번 수정하더라도 소논문 역시 가목차를 만들어야 이후의 설계가 가능하다.

그렇다면 가목차는 어떻게 세워야 할까? 다시 한 번 소논문의 줄거리로 돌아가자.

> 한국전쟁 당시의 연합군과 공산군 측의 삐라 중 상대방의 투항과 귀순을 유도하는 삐라만 분류한 다음 공통점과 차이점을 분석한 후 설득 메커니즘의 차이는 무엇인지? 그리고 설득 메커니즘의 차이는 결과에 어떤 영향을 미쳤는지를 각종 연구결과와 설문 등을 통해 연구하고 싶기 때문이다.

진짜 공신들만 보는 대표 소논문

가목차도 줄거리를 토대로 뽑아낼 수 있다. 방법은 의외로 간단하다. 줄거리에서 핵심키워드들만 뽑아보면 된다. 이 글의 핵심키워드는 다음과 같다. 어떤 부분을 표시해두었는지 함께 읽어보자.

한국전쟁 당시의 연합군과 공산군 측의 삐라 중 상대방의 투항과 귀순을 유도하는 삐라만 분류한 다음 공통점과 차이점을 분석한 후 설득 메커니즘의 차이는 무엇인지? 그리고 설득 메커니즘의 차이는 결과에 어떤 영향을 미쳤는지를 각종 연구결과와 설문 등을 통해 연구하고 싶기 때문이다.

핵심키워드들만 모으면 6개의 키워드로 정리될 수 있다.

1. 공통점

2. 차이점

3. 설득 메커니즘의 차이

4. 결과에 미치는 영향

5. 각종 연구결과

6. 설문 등

가목차는 이 키워드 6개를 조합해서 만들면 된다. 이에 따라 만든 가목차는 다음과 같다.

연구주제: 한국전쟁 삐라연구 – 투항과 귀순의 설득 메커니즘 비교

Ⅰ. 서론

 – 연구목적과 연구방법 및 자료 등

Ⅱ. 본론

  1. 종이는 총보다 강하다? 한국전쟁 속 삐라전쟁

    1) 양측의 투항과 귀순 삐라 공통점

    2) 양측의 투항과 귀순 삐라 차이점

  2. 삐라 속 설득 메커니즘 비교연구

    1) 연합군 설득 메커니즘

    2) 공산군 설득 메커니즘

  3. 삐라전쟁의 승자는?

　　1) 설득 메커니즘 차이가 가져온 결과의 차이는?

　　2) 설문조사로 본 삐라의 영향력연구

Ⅲ. 결론

Ⅳ. 참고문헌

가목차를 보면 '뭔가 대단하다'는 느낌을 받을 수도 있다. 그렇지만 사실은 앞에서 말한 핵심키워드에 살을 붙인 것에 불과하다.

가목차 속 핵심키워드들만 다시 한 번 정리해보자. 눈치 빠른 독자라면 읽으면서 '아!' 하고 느낀 점이 있을 것이다. 맞다. 가목차는 핵심키워드들을 순서대로 나열한 후, 거기에 살을 붙인 것에 불과하다. 한편으로는 신기하다는 생각도 든다. 목차 짜는 일이 절대 쉽지 않은데 어떻게 이렇게 근사한 목차가 손쉽게 만들어졌는지 말이다. 그 이유는 앞에서도 강조했지만 '핵심키워드'이기 때문이다.

다시 한 번 쉽게 설명을 하자면 핵심키워드로 구성된 줄거리는 매실로 만든 매실진액과 마찬가지이다. 매실진액은 매실 100퍼센트 용액이다. 이 상태로는 마실 수가 없다. 매실진액을 마시기 위

해서는 일정 분량의 매실진액을 따른 다음 몇 배 분량의 물을 첨
가해서 희석시켜야 한다. 매실진액은 줄거리 속 핵심키워드이고,
희석시키는 물은 핵심키워드에 살을 붙여나가는 것으로 이해하면
된다. 그렇기 때문에 핵심키워드를 찾은 후 핵심키워드순으로 약
간의 살만 붙여주면 아주 간단하면서도 확실하게 가목차가 완성
된다.

연구주제: 한국전쟁 삐라연구 - 투항과 귀순의 설득 메커니즘
비교

Ⅰ. 서론
 - 연구목적과 연구방법 및 자료 등

Ⅱ. 본론
 1. 종이는 총보다 강하다? 한국전쟁 속 삐라전쟁
  1) 양측의 투항과 귀순 삐라 공통점
  2) 양측의 투항과 귀순 삐라 차이점

 2. 삐라 속 설득 메커니즘 비교연구

1) 연합군 설득 메커니즘

2) 공산군 설득 메커니즘

3. 삐라전쟁의 승자는?

1) 설득 메커니즘 차이가 가져온 결과의 차이는?

2) 설문조사로 본 삐라의 영향력연구

Ⅲ. 결론

Ⅳ. 참고문헌

   설명은 참 쉽지만 막상 실제로 활용하려면 쉽지 않다. 그래서 지금까지의 내용을 쉽게 따라 할 수 있도록 다음과 같은 팁을 공유한다. '가목차 제작표'라고 이름을 붙였다. 이 가목차 제작표의 화살표 순서대로 공란을 채워나가면 어느 순간 아주 쉽게 가목차가 완성되어 있을 것이다. 가목차 제작표 바로 하단에 있는 가목차 제작표 예시를 보면 한결 더 이해가 쉬울 것이다.

   여기까지 읽은 후 질문을 받는다면 아마 '가목차를 어떤 방식으로 정리하는지 잘 알겠습니다. 그런데 소논문은 가목차처럼 Ⅰ. 서

론 → Ⅱ. 본론 → Ⅲ. 결론 → Ⅳ. 참고문헌의 형식으로 구성해야
하나요?'라는 내용이 빠지지 않을 것 같다. 이 질문에 대한 답은
'케이스 바이 케이스'라고 할 수 있겠다. 이렇게밖에 말할 수 없는
이유는 논문의 구성 또한 연구방법에 따라 달라지기 때문이다.

〈 가목차 제작표 〉

소논문 연구주제
↓
줄거리
↓
줄거리 핵심키워드
↓
가목차 구성

연구방법은 양적연구와 질적연구의 2가지로 나뉜다. 양적연구는 말 그대로 숫자로 계량화가 가능한 자료를 사용해서 이뤄지는 연구라고 할 수 있다. 설문지 또는 각종 실험결과의 통계자료 등을 활용하는 방식이 이에 해당한다. 예컨대 고등학생 남녀 학생들을 대상으로 설문조사를 해서, 성별에 따라 좋아하는 과목과 싫어하는 과목을 파악한 후 해당 설문조사의 수치를 분석하여 연구에 활용하는 것이다.

반대로 질적연구는 통계연구나 계량화 이외의 방법으로 연구를 진행하는 방법이다. 질적연구는 연구자 자신이 중요한 연구도구라고 생각하면 된다. 수집한 자료의 의미와 해석을 중요하게 다루기 때문이다. 주관적이기 때문에 연구자의 주관적인 판단이 연구결과에 영향을 준다는 점이 특징이라 할 수 있다.

논문 구성에 있어서는 양적연구와 질적연구의 차이가 그렇게 크지 않다. 두 연구 모두 서론과 결론은 동일하다. 단지 연구방법의 차이가 있기 때문에 본론에 해당하는 구성이 다를 뿐이다. 질적연구는 역사, 철학, 문학 등 인문과학분야의 주된 연구방법이다. 소논문의 주제가 질적연구에 해당하는 경우는 대부분 '서론 → 본론 → 결론'의 형식으로 구성된다. 반면 물리학, 화학, 생물학 등 양적연구방법이 필요한 분야는 '서론 → 재료와 방법, 해석방법,

가설 설정, 결과 예상, 결과 등 → 결론'의 형식으로 구성된다.

〈 가목차 제작표 예시 〉

소논문 연구주제
한국전쟁 삐라연구 – 투항과 귀순의 설득 메커니즘 비교
↓
줄거리
한국전쟁 당시의 연합군과 공산군 측의 삐라 중 상대방의 투항과 귀순을 유도하는 삐라만 분류한 다음 공통점과 차이점을 분석한 후 설득 메커니즘의 차이는 무엇인지? 그리고 설득 메커니즘의 차이는 결과에 어떤 영향을 미쳤는지를 각종 연구결과와 설문 등을 통해 연구하고 싶기 때문이다.
↓
줄거리 핵심키워드
1. 공통점 2. 차이점 3. 설득 메커니즘 차이 4. 결과에 어떤 영향 5. 각종 연구결과 6. 설문
↓
가목차 구성
Ⅰ. 서론   – 연구목적과 연구방법 및 자료 등

Ⅱ. 본론

  1. 종이는 총보다 강하다? 한국전쟁 속 삐라전쟁

    1) 양측의 투항과 귀순 삐라 공통점

    2) 양측의 투항과 귀순 삐라 차이점

  2. 삐라 속 설득 메커니즘 비교연구

    1) 연합군 설득 메커니즘

    2) 공산군 설득 메커니즘

  3. 삐라전쟁의 승자는?

    1) 설득 메커니즘 차이가 가져온 결과의 차이는?

    2) 설문조사로 본 삐라의 영향력연구

Ⅲ. 결론

Ⅳ. 참고문헌

〈 연구방법에 따른 논문 구성 〉

질적연구(인문과학)	서론 → 본론 → 결론
양적연구(자연과학·공학 등)	서론 → 재료와 방법, 해석방법, 가설 설정, 결과 예상, 결과 등 → 결론

앞에서 소논문을 완성하는 단계로 다음의 내용을 다루었다.

첫째, 주제를 정한다

둘째, 논문의 줄거리를 정리한다

셋째, 목차를 만든다

이제는 목차라는 뚝배기에 콘텐츠를 담을 일만 남았다. 네 번째

순서는 '주제와 줄거리와 관련한 각종 자료를 수집하고 분석한다'
이다.

앞에서 구성한 가목차는 다음과 같다. 가목차를 순서대로 살펴
보자. 서론이라는 뚝배기에는 연구목적과 연구방법 및 자료 등을
담아야 한다. 즉 내가 왜 이런 주제에 관심을 가지게 되었는지 그
리고 그 지적 관심을 해결하기 위해 어떤 연구방법, 어떤 참고자
료 등을 활용했는지를 소개하는 것이다.

Ⅰ. 서론

 - 연구목적과 연구방법 및 자료 등

Ⅱ. 본론

 1. 종이는 총보다 강하다? 한국전쟁 속 삐라전쟁

   1) 양측의 투항과 귀순 삐라 공통점

   2) 양측의 투항과 귀순 삐라 차이점

 2. 삐라 속 설득 메커니즘 비교연구

   1) 연합군 설득 메커니즘

   2) 공산군 설득 메커니즘

 3. 삐라전쟁의 승자는?

1) 설득 메커니즘 차이가 가져온 결과의 차이는?

2) 설문조사로 본 삐라의 영향력연구

Ⅲ. 결론

Ⅳ. 참고문헌

다시 한 번 앞서 소개한 서울대 대학원 박사학위논문으로 돌아가 보자. 참고로 그 논문에서 서론의 목차는 다음과 같다.

Ⅰ. 서론 ·· 1

1. 연구목적 ································· 1

2. 기존 연구검토 및 연구의 의의 ···················· 6

3. 연구방법 및 자료 ····························· 20

4. 본문 구성 ·································· 27

'연구목적 → 기존 연구검토 및 연구의 의의 → 연구방법 및 자료 → 본문 구성'순으로 구성돼 있다. 앞으로 작성해야 할 소논문의 순서도 크게 다르지 않다.

진짜 공신들만 보는 대표 소논문

1. 연구목적

나는 왜 이 주제에 대해 관심을 가졌고 연구하려고 하는가?

2. 기존 연구검토 및 연구의 의의

가. 이 주제에 대한 기존의 연구들은 어떤 내용을 담고 있는가?

나. 이 주제에 대한 기존의 연구들은 어떤 특징들이 있는가?

다. 이 연구를 통해 내가 말하고자 하는 것은 무엇인가?

3. 연구방법 및 자료

- 이 연구를 통해 말하고자 하는 것을 증명하기 위한 연구방법은 무엇

  인가?

- 이 연구를 위해 참고하고 활용한 자료는 무엇인가?

4. 본문 구성

목차 구성과 각 목차에서 담고 있는 핵심줄거리는 무엇인가?

앞에서 표로 정리한 것처럼 연구목적은 '내가 왜 이 주제에 대해 관심을 가졌고 연구하려고 하는가?'에 대한 이야기를 담는 것이다. 기존 연구검토 및 연구의 의의에는 '이 주제에 대한 기존의

연구들은 어떤 내용을 담고 있는가?' '이 주제에 대한 기존의 연구들은 어떤 특징들이 있는가?' '이 연구를 통해 내가 말하고자 하는 것은 무엇인가?' 등에 대한 내용을 담으면 된다. 서론에서 가장 중요한 내용이라 할 수 있다. 내가 이 연구를 통해 말하고자 하는 것은 결국 주제라고 할 수 있기 때문이다.

연구방법 및 자료는 '이 연구를 통해 말하고자 하는 것을 증명하기 위한 연구방법은 무엇인가?' 그리고 '이 연구를 위해 참고하고 활용한 자료는 무엇인가?'에 대한 설명이다. 본문 구성은 '목차의 구성과 각 목차에서 담고 있는 핵심줄거리는 무엇인가?'에 대한 요약이라고 할 수 있다. '연구목적 → 기존 연구검토 및 연구의 의의 → 연구방법 및 자료 → 본문 구성'순으로 서론의 목차를 살펴보았다.

잘 맞물려 있는 톱니바퀴가 연상된다. 물 흐르듯 흐르고 있다는 느낌이 절로 든다. 이처럼 질적연구는 자연스럽게 흘러간다는 특징을 가지고 있기도 하다.

왜 이 주제에 관심을 가지게 되었고 연구하려고 하는지

→　그래서 이 주제에 대한 기존의 연구자들은 어떻게 생각하고 연구했는지 자료를 찾아보았고 이 연구를 통해 내가 말하고자 하는 것은

무엇인지

→   내가 말하고자 하는 내용을 입증하기 위해 연구방법과 어떤 자료를
     활용할 것인지

→   그리고 본론에 들어가기에 앞서 목차의 구성과 목차별 줄거리는 무
     엇인지

여기까지 설명한 후 질문을 받는다면 아마 이 질문이 가장 먼저 그리고 가장 많이 나올 것이다.

"기존 연구검토 및 연구의 의의 → 연구방법 및 자료 → 본문 구성 등의 내용을 살펴보면 본론과 결론을 어느 정도 완성한 후에야 내용을 채울 수 있다는 느낌이 듭니다. 어떻게 해야 하나요?"

그 답은 '케이스 바이 케이스'이다. 앞에서 예시로 나온 서론의 목차 중 연구목적, 기존 연구검토 및 연구의 의의는 본문 작성 전에도 충분히 작성이 가능하다. 그렇다면 연구방법 및 자료, 본문 구성은 본문 작성이 완료되어야만 가능한 것일까?

소논문을 쓰겠다고 결심한 순간 소논문의 50퍼센트는 벌써 완성된 거나 다름없다. 소논문은 '학문과 지적 호기심을 다양한 참고자료를 통해 설명 또는 주장을 하는 논증적 글쓰기'라고 했다. 다양한 참고자료를 통해 설명 또는 주장을 하기 위해서는 기본적

으로 무엇이 필요한가? 무엇을 말할 것인가? 이는 곧 줄거리가 필요하다는 사실을 짚어준다.

더 쉽게 설명을 해보자. 웹툰을 그리는 고등학생이 있다. 대개는 아직 웹툰을 그리지 않았다 뿐, 설계도는 머릿속에 다 그려져 있다. '내가 다루고자 하는 장르는 무엇이고 줄거리는 이런 내용인데 등장인물은 누구누구'까지 말이다.

소논문 쓰기도 마찬가지이다. 소논문을 쓰겠다고 생각했으면 아직 소논문을 완성하지 못했을 뿐이지 다루고자 하는 장르(분야), 줄거리, 등장인물(가목차) 등은 머릿속에 담겨 있다. 그리고 그래야만 내가 주장하는 바를 입증할 수 있는 선행 연구자들의 연구결과와 각종 참고문헌 등을 찾아 활용할 수 있는 것이다.

소논문 콘텐츠는 두괄식이 기본

소논문과 사설 등 논리적인 글쓰기가 요구되는 분야는 크게 3 가지 방식의 글쓰기가 존재한다. 두괄식과 미괄식 그리고 양괄식 이다. 두괄식을 문자 그대로 풀면 핵심문장이 서두에 위치하는 글 쓰기방식이다. 좀 더 쉽게 설명하면 '내가 가장 강조하고 싶고 말하고 싶은 내용을 앞 문장에 배치하는 방식'이다. 미괄식은 그 반대이다. 핵심문장이 문단이나 글의 끝부분에 오는 방식이다. 양괄식은 두괄식과 미괄식을 합친 방식이라 이해하면 좋겠다.

다시 한 번 강조한다. 논문방식 글쓰기의 70퍼센트 이상은 두괄식, 나머지 30퍼센트는 미괄식이라고 한다. 따라서 제대로 된 소논문을 쓰기 위해서는 두괄식 또는 미괄식으로 문장을 구성해야 한다. 먼저 두괄식 쓰기에 대한 방법부터 알아보자.

두괄식 쓰기

두괄식은 핵심문장이 서두에 위치하는 글쓰기방식이라고 했다. 좀 더 쉽게 설명하자면 내가 가장 강조하고 싶고 말하고 싶은 내용을 앞 문장에 배치하라는 것이다. 두괄식은 글쓰기가 산으로 가지 않는다는 장점이 있다. 그리고 상대방의 눈이 편안해진다.

우선 '글쓰기가 산으로 가지 않는다'라는 의미를 잘 이해해야 한다. 두괄식은 핵심문장이 가장 앞에 위치해 있다고 했다. 핵심문장이 앞에 있으면, 그 다음에 이어지는 문장은 당연히 레고 블록 쌓듯이 핵심문장을 부연 설명하는 방식으로 서술해야 한다. 자연스레 논리적인 문장이 만들어지는 것이다. 다음의 예시를 참고하면 이해가 더 쉬울 것이다.

범수는 전교 1등을 놓친 적이 없다. 특별한 공부비법이 있는지

진짜 공신들만 보는 대표 소논문

물었더니 돌아온 답은 '학교 수업에 대한 예습과 복습이 전부'라고 했다. 학원도 다니지 않고 과외수업도 받지 않는다고 했다. 100퍼센트 자기주도학습의 결과라고 했다.

범수는 '학교 수업에 대한 예습과 복습이 공부의 전부'라고 했다. 학원이나 과외수업도 받지 않는다고 했다. 특별한 공부비법 없이 100퍼센트 자기주도학습의 결과로 전교 1등을 놓친 적이 없다.

읽어본 느낌을 짤막하게라도 이야기해보자. 전자와 후자의 차이는 무엇일까?

전자는 두괄식, 후자는 미괄식으로 구성한 글쓰기방식이다. 잘 감이 오지 않는 독자를 위해 같은 문장에 형광펜을 칠했다.

〈 두괄식 〉

범수는 전교 1등을 놓친 적이 없다. 특별한 공부비법이 있는지 물었더니 돌아온 답은 '학교 수업에 대한 예습과 복습이 전부'라고 했다. 학원도 다니지 않고 과외수업도 받지 않는다고 했다. 100퍼센트 자기주도학습의 결과라고 했다.

〈 미괄식 〉

범수는 '학교 수업에 대한 예습과 복습이 공부의 전부'라고 했다. 학원이나 과외수업도 받지 않는다고 했다. 특별한 공부비법 없이 100퍼센트 자기주도학습의 결과로 전교 1등을 놓친 적이 없다.

앞서 예시로 살펴본 문장에서 말하고자 하는 핵심문장을 찾아보자. 답은 바로 '범수는 전교 1등을 놓친 적이 없다'이다. 두괄식 글쓰기에서는 이 문장이 가장 앞에 나와 있다. 이어지는 문장은 전교 1등을 놓친 적이 없는 범수의 공부방법을 설명하는 내용에 지나지 않는다. 미괄식 글쓰기는 범수의 공부방법이 앞서 있고 핵심문장은 마지막 문장에 위치해 있다. 어떤 느낌인지 감이 올 것이다.

같은 내용이지만 문장의 구성방식에 따라 느낌은 많이 다를 것이다. 우선 두괄식은 벽돌을 쌓듯 착착 물 흐르듯 흐른다는 느낌이 들 것이고, 그렇기 때문에 읽는 사람의 눈도 편안함이 느껴진다. 하지만 미괄식은 문장이 다소 늘어진다는 느낌이 들 것이다. 그리고 읽으면서 왠지 거슬린다는 느낌도 받을 수 있다.

논문은 논리적인 글쓰기라고 거듭 강조했다. 그렇기 때문에 당연

하지만 문장을 읽을 때도 논리적이라는 느낌이 들어야 한다. 두괄식은 논리적인 느낌을 살리는 데 매우 특화된 방식이다. 앞 문장에서 이야기한 핵심문장을 뒤 문장에서 근거를 들어 설명하는 방식으로 정리되어 있기 때문이다. 이런 현상을 조금 어려운 용어로 표현하면 '문장의 인과관계가 맞아 들어간다'고 한다. 논문 글쓰기의 70퍼센트 정도가 두괄식인 이유가 바로 여기에 있다.

두괄식 문장은 절대 길지 않다. 두괄식의 손맛을 느끼기 위한 황금비율은 40자 이내이다. 그것도 빈칸까지 포함해서 말이다. 두괄식 문장은 40자 이내여야 가장 효과적이다.

기억하자! 두괄식 첫 문장은 무조건 40자 이내로 써야 한다. 참고로 '범수는 전교 1등을 놓친 적이 없다'라는 문장 역시 40자 이내이다. 정확히는 19자이다. 그렇게 두괄식 쓰기는 완성된다.

핵심문장은 어떻게 만들어야 하는가

앞에서 두괄식에 대해 이야기했다. 하지만 이런 질문을 하고 싶은 독자도 많으리라 예상된다.

"두괄식 글쓰기가 중요한 건 알겠어요. 그렇다면 두괄식 글쓰기를 위해서 반드시 있어야 하는 중요한 핵심문장은 어떻게 만들어야 하죠?"

십중팔구 고민을 하게 될 터이다. 핵심문장을 찾아야 따라오는 뒤 문장이 벽돌 쌓듯 자연스레 만들어질 테니 말이다. 핵심문장을 찾는 방법은 그렇게 어렵지 않다.

다시 한 번 가목차 만들기로 돌아가자. 가목차는 줄거리를 토대로 뽑아낼 수 있다고 말하였다. 어떻게 뽑아낼 수 있을까? 줄거리에서 핵심키워드를 뽑아서 순서대로 나열한 후, 살을 붙이면 아주 쉽고 간단하게 가목차가 만들어진다. 핵심키워드로 구성된 줄거리는 매실로 만든 매실진액이고, 매실진액을 마시기 위해서 첨가하는 물은 핵심키워드에 살을 붙여나가는 것으로 이해하면 된다고 했다. 핵심문장을 만드는 방법도 같다.

일단 예시를 보면서 이야기하자. 예시는 앞에서도 언급했던 서론의 목차이다.

Ⅰ. 서론 ··· 1

　1. 연구목적 ··· 1

　2. 기존 연구검토 및 연구의 의의 ················ 6

　3. 연구방법 및 자료 ····························· 20

　4. 본문 구성 ····································· 27

서론은 '연구목적, 기존 연구검토 및 연구의 의의, 연구방법 및 자료, 본문 구성'순으로 구성되어 있다.

일단 연구목적부터 시작하자. 앞서 연구목적은 '내가 왜 이 주제에 대해 관심을 가졌고 연구하려고 하는가?'에 대한 이야기를 담는 것이라고 했다. 여기까지 기억했으면 이제는 아래의 서식을 활용해야 할 차례다. '구분 → 핵심줄거리 → 핵심문장'의 순서로 칸이 구분되어 있다. 순서대로 채워가 보자.

〈 핵심줄거리 + 핵심문장 제작표 〉

구분	핵심줄거리	핵심문장
연구목적		
기존 연구검토 및 연구의 의의		
연구방법 및 자료		
본문 구성		

A군이 쓰고자 하는 소논문의 주제는 '한국전쟁 삐라연구 – 투항과 귀순의 설득 메커니즘 비교'이다. 그리고 줄거리는 '전쟁 당시의 연합군과 공산군 측의 삐라 중 상대방의 투항과 귀순을 유도하는 삐라만 분류한 다음 공통점과 차이점을 분석한 후 설득

메커니즘의 차이는 무엇인지? 그리고 설득 메커니즘의 차이는 결과에 어떤 영향을 미쳤는지를 각종 연구결과와 설문 등을 통해 연구하고 싶기 때문이다'라고 했다. '연구목적'에는 '내가 왜 이 주제에 대해 관심을 가졌고 연구하려고 하는가?'를 담으라고 했다.

가장 먼저 그 이유를 분량에 상관없이 적어보기로 했다. 그랬더니 다음과 같은 내용으로 정리되었다.

예전부터 삐라라는 단어에 호기심을 가지고 있었다. 삐라에 대한 자료를 찾아보다가 우연히 한국전쟁 당시 연합군과 공산군 양측의 삐라가 모아져 있는 두툼한 백과사전을 보게 되었다. 그중에서도 상대방에게 투항과 귀순을 유도하는 삐라가 유독 많다는 것이 독특했다. 그리고 연합군과 공산군의 삐라는 목적은 같지만 그 목적을 현실로 만들기 위한 설득 메커니즘은 너무나 달랐다. 연합군의 삐라는 객관적 사실을 토대로 투항과 귀순을 권하는 내용이 주였지만 공산군은 객관적 사실에 기초하기보다는 행복한 공산주의 북한에 귀순하면 유학을 보내주고 생활을 보장해준다 하는 등의 현실과 동떨어진 선전문구가 주를 이루었던 것이다. 나는 이 점에 주목했다. 삐라 속에 담겨진 양측의 설득전략과 형태는 어떤 차이가 있었고 그 차이가 어떤 결과의 차이로 나타났는지 연구해 보고 싶었다.

이제 절반은 된 셈이다. 이런 식으로 완성된 내용에서 가목차에 서 했던 것처럼 핵심키워드를 찾아보자. 어느 곳에 표시해두었는 지 꼼꼼하게 읽어보자.

예전부터 삐라라는 단어에 호기심을 가지고 있었다. 삐라에 대 한 자료를 찾아보다가 우연히 한국전쟁 당시 연합군과 공산군 양 측의 삐라가 모아져 있는 두툼한 백과사전을 보게 되었다. 그중에 서도 상대방에게 투항과 귀순을 유도하는 삐라가 유독 많다는 것 이 독특했다. 그리고 연합군과 공산군의 삐라는 목적은 같지만 그 목적을 현실로 만들기 위한 설득 메커니즘은 너무나 달랐다. 연합 군의 삐라는 객관적 사실을 토대로 투항과 귀순을 권하는 내용이 주였지만 공산군은 객관적 사실에 기초하기보다는 행복한 공산 주의 북한에 귀순하면 유학을 보내주고 생활을 보장해준다 하는 등의 현실과 동떨어진 선전문구가 주를 이루었던 것이다. 나는 이 점에 주목했다. 삐라 속에 담겨진 양측의 설득전략과 형태는 어떤 차이가 있었고 그 차이가 어떤 결과의 차이로 나타났는지 연구해

보고 싶었다.

핵심키워드는 다음과 같다.

투항과 귀순을 유도하는 삐라가 유독 많다
→　목적은 같지만 그 목적을 현실로 만들기 위한 설득 메커니즘은 너무

　　나 달랐다
→　설득전략과 형태는 어떤 차이
→　그 차이가 어떤 결과의 차이

이제는 이를 토대로 핵심줄거리로 만들어보자. 역시나 핵심키워드에 순서대로 살만 붙이면 된다. 그랬더니 다음과 같은 핵심줄거리가 만들어졌다.

　　한국전쟁 당시 투항과 귀순을 유도하는 삐라가 유독 많았다. 특히나 목적은 같지만 그 목적을 현실로 만들기 위한 양측의 설득 메커니즘이 너무나 달랐다는 것에 주목했다. 따라서 삐라를 통한 설득전략과 형태는 어떤 차이가 있고 그 차이가 어떤 결과의 차이를 가져왔는지를 연구하고자 한다.

진짜 공신들만 보는 대표 소논문

아주 근사한 줄거리가 완성됐다. 하지만 그냥 핵심키워드에 약간의 살을 붙였을 뿐이다.

'투항과 귀순을 유도하는 삐라가 유독 많다'라는 핵심키워드는 '한국전쟁 당시'라는 살만 붙여서 '한국전쟁 당시 투항과 귀순을 유도하는 삐라가 유독 많았다'로 바뀌었다.

'목적은 같지만 그 목적을 현실로 만들기 위한 설득 메커니즘은 너무나 달랐다'라는 핵심문장은 '특히나' '양측의' '주목했다'라는 단어가 추가돼 '특히나 목적은 같지만 그 목적을 현실로 만들기 위한 양측의 설득 메커니즘이 너무나 달랐다는 것에 주목했다'로 바뀌었다.

'설득전략과 형태는 어떤 차이'와 '그 차이가 어떤 결과의 차이'는 각각 '따라서 삐라를 통한' '연구하고자 한다'라는 단어가 추가돼 있다. '따라서 삐라를 통한 설득전략과 형태는 어떤 차이가 있고 그 차이가 어떤 결과의 차이를 가져왔는지를 연구하고자 한다'로 바뀌었다. 여기까지 왔으면 남은 것은 살찌우는 것뿐이다.

앞서 핵심줄거리는 '한국전쟁 당시 투항과 귀순을 유도하는 삐라가 유독 많았다. 특히나 목적은 같지만 그 목적을 현실로 만들기 위한 양측의 설득 메커니즘이 너무나 달랐다는 것에 주목했다.

구분	핵심줄거리	핵심문장
연구목적	한국전쟁 당시 투항과 귀순을 유도하는 삐라가 유독 많았다. 특히나 목적은 같지만 그 목적을 현실로 만들기 위한 양측의 설득 메커니즘이 너무나 달랐다는 것에 주목했다. 따라서 삐라를 통한 설득전략과 형태는 어떤 차이가 있고 그 차이가 어떤 결과의 차이를 가져왔는지를 연구하고자 한다.	

따라서 삐라를 통한 설득전략과 형태는 어떤 차이가 있고 그 차이가 어떤 결과의 차이를 가져왔는지를 연구하고자 한다'라고 정리했다. 이제 두괄식의 핵심이 되는 핵심문장을 찾아서 살을 찌우는 단계만 남았다.

핵심줄거리에서 핵심문장을 한번 찾아보자. 만약 여기서 이상하다는 생각이 든다면 잘 찾아낸 것이다. 왜냐하면 핵심줄거리의 문장이 곧 핵심문장이기 때문이다. 핵심줄거리의 핵심문장은 다음과 같다.

1. 한국전쟁 당시 투항과 귀순을 유도하는 삐라가 유독 많았다

2. 특히나 목적은 같지만 그 목적을 현실로 만들기 위한 양측의 설득 메커니즘이 너무나 달랐다는 것에 주목

이제는 이 핵심문장의 순서대로 핵심문장에 살을 찌우고 새끼를 쳐야 한다. 그러면 1편의 챕터가 아주 간단히 그리고 논리적으로 완성된다. 그 과정은 다음과 같다. 순서대로 따라 해보자.

앞서 두괄식을 설명하면서 핵심문장이 앞에 있으면, 이어지는 문장은 레고 블록 쌓듯이 핵심문장을 부연 설명하는 방식으로 서술이 가능해진다고 말하였다. 자연스레 논리적인 문장이 만들어지는 것이다. 실제로도 그렇게 된다. 지면관계상 첫 문장만 예시로 다뤄보겠다.

한국전쟁 당시 투항과 귀순을 유도하는 삐라가 유독 많았다.

왜냐하면 삐라의 존재 이유가 심리전에 있기 때문이다. 심리전은 '명백한 군사적 적대 행위 없이 적군이나 상대국 국민에게 심리적인 자극과 압력을 주어 정치·외교·군사 면에 유리하도록 이끄는 전쟁'을 의미한다. 상대방 군대에서 투항과 귀순 등으로 도망치는 병사들이 늘어나면 상대방 군대는 싸우고자 하는 의지가 약해질 것이고 이는 전투의 패배로 이어질 것이기 때문이다. 따라서 투항과 귀순을 유도하는 삐라는 상대방에 철저한 연구가 필요하다. 철저히 상대방 입장에서 투항과 귀순을 설득해야만 효과를 볼 수 있기 때문이다.

이렇듯 핵심문장만 잡아주면 어떻게 써야 하나 고민할 필요가 없어진다. 꽤나 오래전의 일이다. 《중앙일보》교육섹션의 대입담당기자로 근무할 때, 기사작성에 대한 교육을 받은 적이 있었다. 그때 경력이 수십 년에 이르는 어마어마한 선배 기자가 이런 질문을 했다.

"기사를 쓸 때 가장 어려운 점이 무엇이냐?"

그때 한 기자가 다음과 같이 답했다.

"첫 문장을 쓰기가 가장 어렵습니다."

선배 기자는 이렇게 대답했다.

"첫 문장만 쓰면 기사는 완성된 것이나 다름없다."

앞에서도 이야기했지만 그 큰 낙동강도 강원도 태백에 있는 자그마한 황지연못에서 시작된다. 글도 마찬가지이다. 제아무리 논리적이고 분량이 긴 글이라 해도 첫 문장에서 시작되는 건 마찬가지이다. 논문이라고 해서 그저 어렵게만 생각할 필요는 없다. 이 책에서 강조하고 설명해주는 방식이면 누구나 쉽게 1편의 논문을 완성할 수 있다. 논문 근처에도 안 가본 학생이라도 이와 같은 소논문 쓰기의 실질적인 메커니즘을 알고 나면 2주 만에 1편의 학문적인 소논문을 완성할 수 있다. 지금까지 다룬 내용을 다시 한 번 정리해보자.

소논문 콘텐츠를 채우는 방식은 두괄식이다.
두괄식은 핵심문장이 가장 앞에 위치하는 방식이다.
두괄식 글쓰기를 위해서는 핵심문장을 찾거나 만드는 것이 중요하다.

핵심문장만 찾으면 따라오는 뒤 문장은 벽돌을 쌓듯 자연스레 만들어진다.
핵심문장을 찾기 위해서는 일단 줄거리를 적어야 한다.

줄거리가 완성되면 줄거리에서 핵심키워드 또는 문장을 찾는다.

이렇게 찾은 핵심키워드나 문장에 순서대로 살을 붙여나가면 핵심줄거리

가 만들어진다.

핵심줄거리의 핵심문장을 찾아

1. 핵심문장에 번호를 붙인 후 순서대로 펼친 다음

2. 각각의 핵심문장을 두괄식 첫 문장으로 삼고

3. 두괄식 첫 문장에 이어지는 내용을 적는다.

이 순서대로 차곡차곡 진행하면 자연스레 1편의 챕터가 아주 간단히 그리

고 논리적으로 완성된다.

소논문 쓰기
세 번째 스텝

본론 쓰기

앞 단계에서 가목차를 만드는 방법에 대해 자세히 배웠다. 이제는 본격적으로 본론으로 넘어갈 순서이다. 가목차로 세운 본론의 순서는 다음과 같다.

Ⅱ. 본론

  1. 종이는 총보다 강하다? 한국전쟁 속 삐라전쟁

    1) 양측의 투항과 귀순 삐라 공통점

2) 양측의 투항과 귀순 삐라 차이점

2. 삐라 속 설득 메커니즘 비교연구

1) 연합군 설득 메커니즘

2) 공산군 설득 메커니즘

3. 삐라전쟁의 승자는?

1) 설득 메커니즘 차이가 가져온 결과의 차이는?

2) 설문조사로 본 삐라의 영향력연구

본론이라고 해서 다를 것은 없다. 서론에서 설명한 방식대로 항목마다 어떤 내용을 담고 싶은지 줄거리를 써보자. 아래의 '본론 STEP 1' 양식을 활용하면 한결 쉬울 것이다.

〈 본론 STEP 1 〉

구분	줄거리
목차 1	
소목차 1	
소목차 2	
목차 2	
소목차 1	

소목차 2	
목차 3	
소목차 1	
소목차 2	

가목차를 본론 STEP 1에 옮기면 다음과 같은 줄기가 완성된다.

〈 **본론** STEP 1 〉

구분	줄거리
1. 종이는 총보다 강하다? 한국전쟁 속 삐라전쟁	
1) 양측의 투항과 귀순 삐라의 공통점	
2) 양측의 투항과 귀순 삐라의 차이점	
2. 삐라 속 설득 메커니즘 비교연구	
1) 연합군 설득 메커니즘	
2) 공산군 설득 메커니즘	
3. 삐라전쟁의 승자는?	
1) 설득 메커니즘 차이가 가져온 결과 의 차이는?	
2) 설문조사로 본 삐라의 영향력연구	

다음 단계는 항목별로 내가 담고자 하는 방향의 줄거리를 적는 것이다. A군은 소목차 1)에 '양측의 투항과 귀순 삐라 공통점을 통해 담고자 하는 줄거리는 연합군과 공산군의 투항과 귀순을 권유하는 삐라들은 무슨 공통점이 있을까? 디자인과 헤드카피, 주요내용, 시각적인 특징(사진, 그림 등) 등을 분석해 공통점은 무엇인지를 정리한 후 이를 토대로 나만의 결론을 내린다'라고 요약해 넣을 수 있다. 그럼 벌써 절반은 쓴 셈이다.

줄거리에 해당하는 각종 자료를 찾은 후 디자인의 공통점, 헤드카피의 공통점, 주요 내용의 공통점, 시각적인 특징의 공통점이 있는지를 분석하고 분석한 내용을 담는다. 그런 다음 이를 토대로 자신만의 시각이 담긴 평가를 내놓으면 된다. 이 과정에서 다른 연구자들의 연구결과, 학위논문, 신문자료 등을 인용했다면 뒤에서 설명하는 각주를 달면 완성된다. 우왕좌왕할 필요 없이 줄거리 순서대로 그 과정을 따라가면 1챕터가 완성되는 것이다. 더 자세한 설명이 필요하다면 아래를 참고하자.

> 연합군과 공산군의 투항과 귀순을 권유하는 삐라들은 무슨 공통점이 있을까? 디자인과 헤드카피, 주요내용, 시각적인 특징(사진, 그림 등) 등을 분석해 공통점은 무엇인지를 정리한 후 이를 토

대로 나만의 결론을 내린다.

↓

연합군과 공산군의 투항과 귀순을 권유하는 삐라들은 무슨 공통점이 있을까? 디자인 → 헤드카피 → 주요내용 → 시각적인 특징(사진, 그림 등) 등을 분석해 공통점은 무엇인지를 정리한 후 이를 토대로 나만의 결론을 내린다.

줄거리 순서대로 소논문 쓰기 프로세싱을 진행하면 챕터 하나가 완성된다. 이런 식으로 하나씩 블록을 완성한 후 블록마다 연결하면 최종 완성이다.

블록공법이란 배수량이 수만 톤에 이르는 거대한 선박을 만들 때 사용하는 기법으로, 여러 개의 블록을 따로 만든 후 그 블록들을 하나로 이어 붙이는 방법이다. 조선 산업의 생산성을 획기적으로 끌어올린 신공법이다. 글쓰기도 이런 방식을 활용하면 완성도는 높이면서 시간은 눈에 띄게 줄일 수 있다.

그렇다면 줄거리란 무엇을 말할까? 바로 '어떤 장문의 글에서 군더더기를 버리고 남은 엑기스'를 뜻한다. 그렇다면 엑기스에 군더더기를 붙여주면 앞에서 말한 어떤 장문의 글이 될 것이다. 그

것도 아주 쉽게 말이다. 사람마다 개성이 다르다고 하지만, 재밌는 점은 사람의 개성에 상관없이 줄거리는 순서대로 만들어진다는 것이다. 그것도 아주 자연스럽게 말이다. 그렇기 때문에 줄거리 순서대로 일을 진행하면 자연스러운 흐름을 타게 된다. A군이 '양측의 투항과 귀순 삐라 공통점'이라는 목차를 통해 담고자 하는 줄거리에서 순서대로 해야 할 내용은 다음과 같다.

디자인 → 헤드카피 → 주요내용 → 시각적인 특징(사진, 그림 등)

여기서도 마찬가지로 키워드를 살찌우면 곧이어 참고문헌과 연구방법도 결정된다. 예컨대 헤드카피라면 헤드카피의 공통점을 찾아야 한다. 그렇다면 헤드카피에서 어떤 공통점을 찾아야 할까?

헤드카피는 핵심문장을 말한다. 조금만 생각을 하면 바로 답이 나올 것이다. 우선 헤드카피의 글자 수, 헤드카피의 사용 단어, 헤드카피가 담고 있는 내용 중에서 공통점이 있는지를 비교 분석해야 한다. 이를 위해 필요한 것은 무엇일까?

1. 연합군과 공산군의 삐라를 서로 비교한다. 그래야 공통점과
   차이점을 찾을 수 있고 통계를 낼 수 있다.

2. 학술정보검색사이트를 통해 연합군과 공산군의 삐라를 연구한 논문, 보고서, 단행본, 잡지, 신문기사 중 헤드카피와 관련한 내용이 있는지 여러 가지 검색어를 넣어서 검색한다. 예컨대 삐라+헤드카피, 삐라+선전문구, 삐라+공통점과 같은 검색어를 넣은 후 자동으로 분류된 참고자료 중 내가 쓰고자 하는 내용과 관련이 있는 자료를 찾아 필요한 부분을 활용해야 하기 때문이다.

이 같은 방법과 순서대로 반복하면 멀기만 하던 소논문 쓰기가 어느덧 현실이 되어 눈앞에 다가올 것이다. 앞에서 '디자인 → 헤드카피 → 주요내용 → 시각적인 특징(사진, 그림 등)'순으로 진행하면 쉽고 간단하면서도 논리적인 소논문이 써진다고 했다. 디자인을 예시로 삼아 실제로도 가능한지 풀어나가 보자.

앞서 A군은 '1) 양측의 투항과 귀순 삐라 공통점에서 말하고자 하는 줄거리는 연합군과 공산군의 투항과 귀순을 권유하는 삐라들은 무슨 공통점이 있을까? 디자인 → 헤드카피 → 주요내용 → 시각적인 특징(사진, 그림 등) 등을 분석해 공통점은 무엇인지를 정리한 후 이를 토대로 나만의 결론을 내린다'라고 했다.

이 줄거리에 나온 키워드 순서대로 살을 찌워나가면 하나의 챕터가 쉽게 완성될 것이다. 첫 번째 순서는 디자인이다. '양측의 투항과 귀순 삐라 공통점'에서 디자인이라는 키워드에는 어떤 내용이 담겨야 할까? 키워드라고 해서 어렵게 생각할 필요는 없다. 지금까지 해왔던 것과 마찬가지로 키워드마다 무엇을 담고 싶은지 줄거리를 빼내면 된다.

디자인이라는 키워드를 통해 이야기하고 싶은 것은 무엇일지 생각해보자. 양측의 삐라 디자인의 공통점은 무엇인지를 담고 싶을 터이다. 그러기 위해서는 양측의 삐라가 참고문헌으로 필요할 것이고, 연구방법은 양측 삐라 디자인의 여러 가지 측면(흑백 또는 컬러 등 색상, 그림, 사진, 재질 등)을 분석한 후 그 둘의 공통점을 찾으면 끝난다. 이러한 방법을 통해 A군이 찾은 공통점은 다음과 같다고 가정해보자.

연합군과 공산군 삐라를 분석한 결과 디자인의 공통점은 다음과 같았다

가. 단색이 아닌 컬러 색상이 주를 이루었다

나. 연합군 사진, 공산군 그림 많이 활용 → 둘 다 시각적인 측면 강조

다. 갱지 같은 저급이 아닌 백상지 같은 고급 재질이 상대적으로 많이 활용

그다음은 가, 나, 다 각 항목마다 살을 붙여주면 된다. 살을 붙이

진짜 공신들만 보는 대표 소논문

는 방식은 '5W1H(육하원칙)'를 활용하면 된다.

Why:왜 그것이 필요한가?

What: 그 목적은 무엇인가?

Where: 어디서 하는 것이 좋은가?

When: 언제 하는 것이 좋은가?

Who: 누가 가장 적격인가?

How: 어떤 방법이 좋은가?

이를 '가. 단색이 아닌 컬러 색상이 주를 이루었다'에 대입해보면 다음과 같이 정리된다.

Why: 왜 단색이 아닌 컬러 색상이 주를 이루었는가?

What: 컬러를 사용한 목적이 무엇인가?

When: 언제부터 컬러가 사용되었는가?

How: 무엇 때문에 백상지와 같은 고급용지를 사용했는가?

4가지 질문이 나왔다. 여기에 순서대로 살을 붙여나가면 된다.

Why? '왜 단색이 아닌 컬러 색상이 주를 이루었는가'에 대한 내용을 기존 연구자들의 연구결과와 각종 참고문헌을 통해 살펴보았다. 그러자 '컬러로 인쇄가 되어야만 보는 사람의 눈길을 끌수 있다. 그래서 많은 삐라들이 빨간색과 같은 자극적인 컬러를 기반으로 디자인되었다'라는 내용으로 확장되었다.

What? '컬러를 사용한 목적이 무엇인가'에 대한 내용은 '컬러인쇄기술을 통해 기술적 우위와 경제적 우위를 강조할 수 있고 이를 통해 싸움을 해봐야 이기지 못한다는 이미지를 만들어 귀순과 투항을 유도하기 위해서'라는 내용으로 살을 붙일 수 있다.

When? '언제부터 컬러가 사용되었는가'와 How? '무엇 때문에 백상지와 같은 고급용지를 사용했는가'에 대한 내용은 각각 '전쟁 초기에는 단색 삐라 위주였지만 연합군이 본격적인 참전을 한 시기 이후에는 컬러로 인쇄된 삐라가 주를 이루게 된다. 연합국의 경제력과 기술력이 기반이 되었기 때문이다' '고급지를 사용한 이유는 투항과 귀순 삐라는 그 자체가 투항자의 안전을 보장하는 안전통행증의 역할을 했기 때문에 쉽게 찢어지는 등 훼손이 되어서는 곤란했기 때문이다'와 같이 살이 붙었다.

이렇게 정리한 내용을 다음의 서식에 담았다. 이 서식은 2가지 버전이 있다. 편의상 처음의 서식을 5W1H STEP 1이라고 하겠다.

그리고 5W1H STEP 2는 확장된 내용+인용된 참고문헌의 형식으로 구성돼 있다. 확장된 내용은 5W1H STEP 1에 있는 '확장된 내용'을 그대로 가져오면 된다. 인용된 참고문헌은 말 그대로 확장된 내용에 담겨 있는 학술논문, 단행본, 연구결과, 신문, 인터넷자료 등을 정리하라는 것이다.

〈 5W1H STEP 1 〉

순번	5W1H	확장된 내용
1	왜 단색이 아닌 컬러 색상이 주를 이루었는가?	컬러로 인쇄가 되어야만 보는 사람의 눈길을 끌 수 있다. 그래서 많은 삐라들이 빨간색과 같은 자극적인 컬러를 기반으로 디자인되었다.
2	컬러를 사용한 목적이 무엇인가?	컬러 인쇄 기술을 통해 기술적 우위와 경제적 우위를 강조할 수 있고 이를 통해 싸움을 해봐야 이기지 못한다는 이미지를 만들어 귀순과 투항을 유도하기 위해서이다.
3	언제부터 컬러가 사용되었는가?	전쟁 초기에는 단색 삐라 위주였지만 연합군이 본격적인 참전을 한 시기 이후에는 컬러로 인쇄된 삐라가 주를 이루게 된다. 연합국의 경제력과 기술력이 기반이 되었기 때문이다.
4	왜 백상지와 같은 고급용지를 사용했는가?	고급지를 사용한 이유는 투항과 귀순 삐라는 그 자체가 투항자의 안전을 보장하는 안전 통행증의 역할을 했기 때문에 쉽게 찢어지는 등 훼손이 되어서는 곤란했기 때문이다.

예컨대 '컬러로 인쇄가 되어야만 보는 사람의 눈길을 끌 수 있다. 그래서 많은 삐라들이 빨간색과 같은 자극적인 컬러를 기반으로 디자인되었다'라는 확장된 내용을 만들기 위해 참고한 참고문

〈 5W1H STEP 2 〉

순번	확장된 내용	인용한 참고문헌
1	컬러로 인쇄가 되어야만 보는 사람의 눈길을 끌 수 있다. 그래서 많은 삐라들이 빨간색과 같은 자극적인 컬러를 기반으로 디자인되었다.	학위논문: 김범수 – 한국전쟁 당시 삐라연구 – 20P – 21P – ○○대 – 2016 – 서울 단행본: 김범수 – 삐라를 보면 전쟁이 보인다 – 10 ~ 12P – 더디퍼런스 – 2016 – 서울
2	컬러 인쇄 기술을 통해 기술적 우위와 경제적 우위를 강조할 수 있고 이를 통해 싸움을 해봐야 이기지 못한다라는 이미지를 만들어 귀순과 투항을 유도하기 위해서이다.	
3	전쟁 초기에는 단색 삐라 위주였지만 연합군이 본격적인 참전을 한 시기 이후에는 컬러로 인쇄된 삐라가 주를 이루게 된다. 연합국의 경제력과 기술력이 기반이 되었기 때문이다.	
4	고급지를 사용한 이유는 투항과 귀순 삐라는 그 자체가 투항자의 안전을 보장하는 안전 통행증의 역할을 했기 때문에 쉽게 찢어지는 등 훼손이 되어서는 곤란했기 때문이다.	

진짜 공신들만 보는 대표 소논문

헌이 학위논문 하나와 단행본 1권이라고 가정하자. 그렇다면 그 학위논문과 단행본에 대한 '저자명 – 논문명, 도서명 – 참고한 페이지 – 발행기관, 출판사 – 발행연도, 출판연도 – 지역'을 기록하면 되는 것이다.

이쯤이면 소논문 쓸 준비가 다 되었다고 볼 수 있다. 이미 논문의 본문 양식과 같은 전개로 구성되어 있기 때문이다. 다시 한 번 실제 논문의 예시를 살펴보자.

육군 대학의 설립 등 육군 교육 체제의 개선도 군을 강화하고 군대를 배타적인 귀족집단으로 만들게 될 것이라는 이유로 거부되었다. 정규군에 대한 거부는 주로 건국 이전 식민시기에 형성되고 강화된 것이었다. 이 시기 동안 정규군은 식민 모국의 수탈 기구였을 뿐 아니라 미국이 새로운 이상으로 삼았던 평등하고 자유로운 사회를 위협하는 사회적 압제의 도구로 인식되었다. 따라서 미국은 건국 이후 사관학교의 입학 정원을 지역적으로 분배하는 등 정규군이 배타적인 특권 집단이 되는 것을 크게 경계해 왔다. 이러한 관점에서 육군 대학의 설립과 군 교육 체계의 강화는 군대를 강화하는 동시에 군을 배타적인 집단으로 만들려는 시도로 비판되었다.[1]

1) 육군 대학은 또 프러시아 독일군 개혁의 상징으로 독일 군국주의를 미국에 도입하는 시도로 비판되기도 하였다. 육군 대학은 프러시아가 나폴레옹 군대에게 패배한 뒤 일군의 개혁 세력이 육군 쇄신을 위해 세운 대표적인 기구 중 하나였기 때문이다. Peter Daniel Skirbunt, Prologue to Reform: The Germanization of the United States Army, 1865-1898, Ph. D. Dissertation, The Ohio State University, 1983, p, 3.

본문+각주(참고문헌)로 이루어져 있다.

앞서 작성한 5W1H STEP 1과 5W1H STEP 2의 양식을 합치면 바로 논문이 완성된다. 다음과 같이 말이다. 확장된 내용에 살을 더 붙이고 다듬은 다음 5W1H STEP 2 양식에 기록된 참고문헌을 각주로 삽입했더니 논문의 한 부분이 완성되었다.

연합국과 공산군의 삐라는 컬러 인쇄가 주를 이루었다. 한국전쟁 삐라 999건을 분석한 결과 컬러 인쇄 800건, 흑백 인쇄 199건으로 나타난 것이다.[1] 한국전쟁이 1950년에 일어났다는 점을 감안하면 주목할 만한 사실이다. 그 당시 기술로는 컬러 인쇄에 많은 비용과 시간, 기술력이 필요했기 때문이다. 이런 단점에도 불구하고 컬러 인쇄를 선호한 이유는 무엇일까? 컬러로 인쇄가 되어야만 보는 사람의 눈길을 끌 수 있기 때문이다. 연합국과 공산군 상관없이 빨간색과 같은 자극적인 컬러를 기반으로 디자인된

삐라가 많은 이유이다.[2]

—————————

1) 김범수(2016), 한국전쟁 당시 삐라 연구, 석사학위논문, ○○대, 서울.
2) 연합국 삐라는 한국이 아닌 일본에서 주로 제작되었다. 주일미군사령부 예하 심리전단에서 삐라의 기획, 디자인, 재질, 인쇄를 담당한 것이다. 김범수, 2015, 삐라를 보면 전쟁이 보인다, 서울: 더디퍼런스.

나머지 헤드카피 → 주요내용 → 시각적인 특징(사진, 그림 등)의 키워드도 디자인에서 예시로 다루었던 과정을 적용하면 하나의 블록을 완성시킬 수 있게 된다. 그리고 이 블록을 서로 연결하면 하나의 챕터가 완성된다. 그렇게 완성된 챕터들을 연결하면 서론-본론-결론이 체계적으로 완성되는 것이다.

결론 쓰기

결론 쓰기 단계까지 왔다면 80퍼센트 정도는 마무리한 셈이다. 결론도 지금까지 설명한 방법과 동일하다. 결론을 쓰기 위해서는 어떤 내용을 담을 것인지 줄거리를 써야 한다. 결론의 줄거리는 소논문 쓰기의 첫 단계에서 작성한 줄거리와 비슷하다. 왜냐하면 논문이라는 장르가 목적이 뚜렷한 글쓰기이기 때문이다. 그리고 소논문은 내가 관심을 가지는 분야에 대해 더 깊게 알고 싶기 때문에 시작되는 것이다. 시작부터 그 무엇이 정해져 있으므로 대강의 줄거리가 나올 수 있는 것이고, 그 줄거리대로 가목차를 만들 수 있는 것이며, 그 가목차대로 내용이 채워지는 것이다.

A군이 소논문 첫 단계에서 작성한 줄거리는 다음과 같다.

연합군과 공산군 삐라를 분석한 결과 디자인의 공통점은 다음과 같았다

가. 단색이 아닌 컬러 색상이 주를 이루었다

나. 연합군 사진, 공산군 그림 많이 활용 → 둘 다 시각적인 측면 강조

다. 갱지 같은 저급이 아닌 백상지 같은 고급 재질이 상대적으로 많이 활용

이를 바탕으로 도출한 결론의 줄거리는 다음과 같다.

한국전쟁 당시의 연합군과 공산군 측의 삐라 중 상대방의 투항과 귀순을 유도하는 삐라만 분류한 다음 공통점과 차이점을 분석한 후 설득 메커니즘의 차이는 무엇인지? 그리고 설득 메커니즘의 차이를 각종 연구결과와 설문 등을 통해 연구하고 분석한 결과 몇 가지 공통점과 몇 가지 차이점 등이 있었고 이런 차이점이 서로 다른 어떤 결과로 나타났다. 이를 토대로 내가 내린 결론은 무엇이다.

소논문 쓰기의 첫 단계 줄거리와 비교하면 뒷부분만 살짝 수정됐을 뿐이다. 이제부터는 본론에서 언급한 방식 그대로 순서대로 채워나가면 된다. 위에 있는 결론 줄거리에서 어떤 순서로 어떻게 해야 할까?

> 한국전쟁 당시의 연합군과 공산군 측의 삐라 중 상대방의 투항과 귀순을 유도하는 삐라만 분류한 다음 공통점과 차이점을 분석한 후 설득 메커니즘의 차이는 무엇인지? 그리고 설득 메커니즘의 차이를 각종 연구결과와 설문 등을 통해 연구하고 분석한 결과 몇 가지 공통점과 몇 가지 차이점 등이 있었고 이런 차이점이 서로 다른 어떤 결과로 나타났다. 이를 토대로 내가 내린 결론은 무엇이다.

'몇 가지 공통점과 몇 가지 차이점 → 이런 차이점이 서로 다른 어떤 결과 → 이를 토대로 내가 내린 결론은 무엇인가?'의 순서대로 해야 할 것이 적혀 있다. 계속해서 강조하지만 줄거리는 순서대로 만들어진다. 줄거리 순서대로 살을 찌우면 1편의 챕터가 자연스럽게 완성된다. 몇 가지 공통점과 몇 가지 차이점은 이미 본문에서 다룬 내용을 핵심만 간추리면 끝난다.

진짜 공신들만 보는 대표 소논문

그다음은 이런 차이점이 서로 다른 어떤 결과를 가져왔는지를 채우면 된다. 이것도 이미 본문에서 다룬 '설득 메커니즘 차이가 가져온 결과의 차이'의 내용에서 핵심만 간추리면 끝이다.

마지막 순서는 '이를 토대로 내가 내린 결론은 무엇인가'이다. 어려울 것 같지만 아니다. 이 연구를 통해 얻은 학문적 성과를 적어주면 되는 것이다. 다음의 '결론 STEP 1'이라는 양식을 활용하면 훨씬 더 수월해질 것이다.

〈 결론 STEP 1 〉

구분	줄거리
몇 가지 공통점과 몇 가지 차이점	본문에서 다룬 내용을 핵심만 간추리기.
이런 차이점이 서로 다른 어떤 결과	'설득 메커니즘 차이가 가져온 결과의 차이'에서 핵심 간추리기.
이를 토대로 내가 내린 결 론은 무엇인가	이 연구를 통해 얻은 학문적 성과 요약 · 강조하기.

초록, 참고문헌, 연구일지 정리하기

결론까지 마무리됐다면 이제 초록 쓰기와 참고문헌, 연구일지 정리가 남았다.

초록

초록은 논문의 내용과 결론을 요약한 것이다. 그렇기 때문에 논문이 어느 정도 끝난 다음에 쓰는 것이다. 초록 쓰기도 이 책에서 소개하는 '줄거리 확장방식'을 활용하면 어렵지 않을 것이다. 앞부분에서 몇 번에 걸쳐 자세하게 설명했기 때문에 넘어가도록 하겠다.

초록은 목차의 앞 페이지에 위치한다. 영화를 예로 들어 설명하겠다. 인터넷포털사이트에서 보고 싶은 영화 제목을 입력하면 제작사에서 제공하는 간단한 줄거리와 포스터, 사진을 볼 수 있다. 그 줄거리를 보면서 어떤 내용인지 짐작할 수 있다. 줄거리를 본 다음에는 그 영화를 관람할지 말지를 고민하게 된다. 초록도 마찬가지이다. 대부분 자신에게 필요한 내용인지 아닌지를 확인하기 위한 목적으로 초록부터 읽는다.

참고문헌

참고문헌은 서론과 본론, 결론에서 인용하거나 참고한 모든 자료를 정리하는 페이지이다. 보통 1차자료 → 2차자료순으로 정리한다. 1차자료는 각종 공공 기관이나 단체의 기록, 문서, 통계자료 등을 말한다. 2차자료는 1차자료를 바탕으로 가공한 논문, 기사, 단행본 등이 해당된다.

연구일지 정리

연구일지는 주로 실험과정이 필요한 자연계열 소논문만 필요하다고 착각하는 경우가 적지 않다. 결론부터 말하면 연구일지는 분야에 상관없이 필요하다.

연구일지라고 해서 매일 써야 하는 것은 아니다. 연구일지는 기록이 필요할 때마다 쓰면 된다. 예컨대 소논문 1챕터가 끝날 때마다 또는 주간이나 월간 단위로 작성을 한다든가 하는 방법이 있다. 누군가는 이런 질문을 할 수도 있겠다.

"연구일지는 학생부에 올라가지 않잖아요? 귀찮으면 안 써도 되죠?"

이런 질문이 나올까 봐 연구일지의 중요성을 강조하는 것이다. 물론 학생부에는 연구일지가 첨부되지 않는다. 하지만 결정적인 순간에 빛을 발한다. 예컨대 학생부종합전형 서류심사를 통과해 면접에 올라갔다고 하자. 면접관이 다음과 같은 질문을 한다면 어떻게 해야 할까?

"○○ 주제의 소논문이 있네요. 연구과정을 설명해보세요."

"연구일지가 있나요?"

혹시나 하는 마음에 연구일지를 챙겨 간 경우라면 어떨까? 면접관들에게 자신의 연구일지를 보여주며 설명을 할 수 있다는 장점이 생긴다.

'면접장에 그런 자료를 들고가도 되요?'라는 질문을 한다면 큰일이다. 대학에서야 굳이 챙겨오라고 하지는 않지만, 혹시나 싶어 이것저것 챙겨갔다가 관련된 질문이 나올 경우가 발생할 수도 있

〈 연구일지 〉

주제	줄거리
성명(팀명 · 팀원)	
지도교사	
연구기간	0000년 00월 00일(시간) ~ 0000년 00월 00일(시간)
소논문 일정	▲논문주제 선정 및 자료수집( ) ▲목차 세우기( ) ▲서론 작성( ) ▲본론 작성( ) ▲결론 작성( ) ▲피드백( ) ▲초록 · 참고문헌 작성( ) ▲연구일지( )
연구내용	
참고문헌	
특이사항	

기 때문이다. 이런 수험생을 평가하는 면접관은 '열심히 준비했구나' '우리 대학, 우리 학과에 대한 간절함이 느껴지는구나'라고 생각하게 된다. 연구일지는 고정된 양식이 없다. 본인에게 필요한 형태로 양식을 만들어도 상관없다. 그래도 예시가 필요하다면 앞 쪽의 양식을 참고해보자.

Part 5

소논문 쓰기
네 번째 스텝
'팁'

목차별 기호는 어떻게 쓸까?

소논문을 지도하다 보면 학생들이 어려워하는 중요한 1가지를 발견하게 된다. 바로 목차별 기호이다. 논문은 논리적인 글쓰기이기 때문에 목차 구성에서도 논리적이라는 느낌이 들어야 한다. 논리적인 느낌이라는 것은 잘 정리되어 있다는 의미이다. 하지만 문제는 목차별로 기호를 매기는 방식이 다양하다는 데 있다.

다음의 목차 예시를 보자. Ⅰ. → 1. → 1) → ⑴의 순서대로 목차가 구성된다. 이런 식으로 통일되면 좋겠지만 다양한 형태의 변형이 존재한다. 그중에서도 대중적인 몇 가지 목차별 기호 예시를 소개하니 참고하면 도움이 될 것이다.

〈 목차 예시 1 〉

<table>
<tr><td>I.</td><td>1</td></tr>
<tr><td>1.</td><td>1</td></tr>
<tr><td>1)</td><td>6</td></tr>
<tr><td>(1)</td><td>20</td></tr>
<tr><td>(2)</td><td>27</td></tr>
</table>

〈 목차 예시 2〉

<table>
<tr><td>I.</td><td>1</td></tr>
<tr><td>가.</td><td>1</td></tr>
<tr><td>(1)</td><td>6</td></tr>
<tr><td>(가)</td><td>20</td></tr>
<tr><td>(나)</td><td>27</td></tr>
</table>

〈 목차 예시 3 〉

Ⅰ. ·· 1

1. ·· 1

1.1 ·· 6

1.1.1 ·· 20

1.1.2 ·· 27

〈 목차 예시 4〉

Ⅰ. ·· 1

A. ·· 1

1. ·· 6

a. ·· 20

b. ·· 27

목차는 '차례 만들기' 가능을 활용한다

소논문은 워드프로그램을 활용해 작성하게 된다. 소논문을 처음 쓰는 학생들이 궁금해하는 질문 베스트 10에 포함되는 것 중 하나가 워드프로그램으로 목차를 만드는 방법이다.

일단 다음의 예시를 보자. 앞에서 언급한 서울대 대학원 박사학위논문의 서론이다.

Ⅰ. 서론 ··· 1

1. 연구목적 ································· 1

2. 기존 연구검토 및 연구의 의의 ··············· 6

3. 연구방법 및 자료 ······················ 20

4. 본문 구성 ···························· 27

이 서론의 형태대로 워드프로그램을 활용해 작성해보라고 하면 '점선(…)'에서 막히게 된다. 예시에 있는 '…'은 중앙에 위치해 있다. 하지만 컴퓨터 자판을 아무리 들여다봐도 '…'을 쳤을 때 중앙으로 오지 않는다. 이런 일이 생기는 이유는 이런 기능을 쓸 기회가 없었기 때문이다. 예시처럼 목차를 만들기 위해서는 '차례 만들기' 기능을 활용해야 한다. 다음의 순서대로 하면 목차 만들기도 쉽게 완성된다.

(1) 도구 → 차례 · 찾아보기 → 차례 만들기의 순서대로 클릭한다.

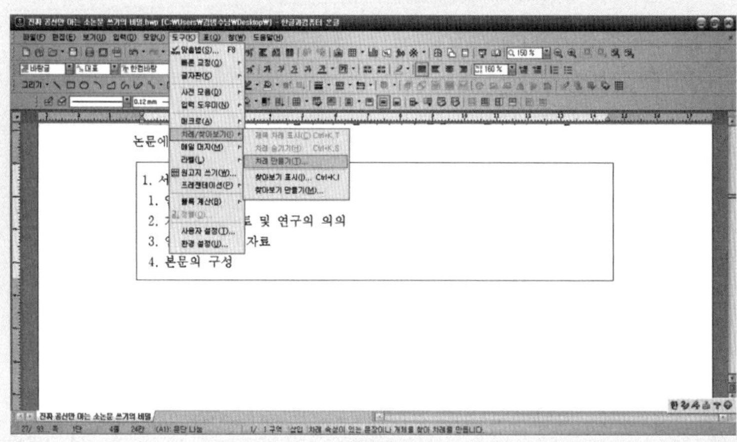

(2) '차례 만들기'라는 별도의 팝업창이 생성된다.

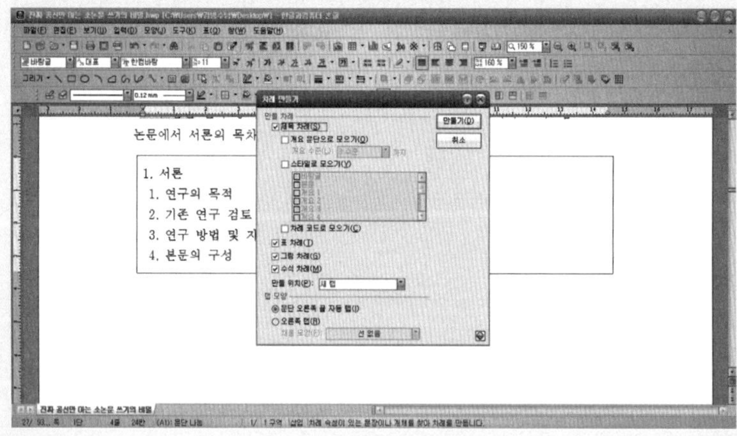

(3) 제목 차례 √ → 스타일로 모으기 √(본문, 개요 등 본인에게 필요한 항목 선택) → 만들 위치: 현재 문서의 커서 위치 → 탭 모양: 오른쪽 탭 → 채울 모양: 클릭 후 원하는 모양을 선택한다.

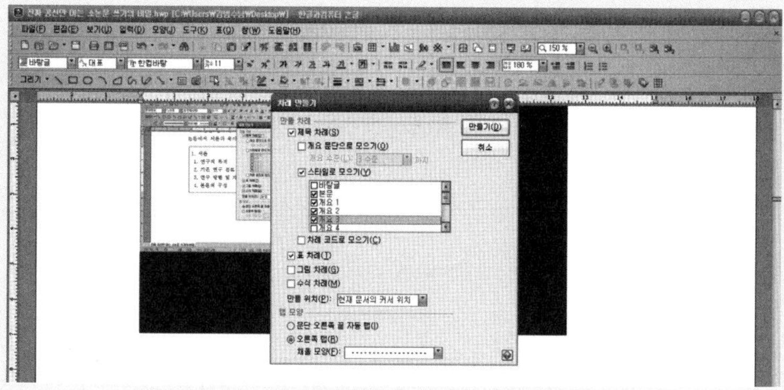

(4) '만들기'를 클릭한 다음 위의 표에서 원하는 형태로 수정하면 끝이다.

각주의 모든 것

인용하기

논문과 각주는 바늘과 실 같은 존재이다. 논문 작성 과정에서 선행 연구자들의 연구결과를 참고하다 보면 필연적으로 인용해야 할 경우가 많기 때문이다. 각주는 논문 등 논리적인 글을 쓸 때, 본문의 어떤 부분의 뜻을 보충하거나 풀이한 글을 본문의 아래쪽에 따로 단 것이다. 각주는 인용하기와 참고문헌의 2가지 형태가 일반적이다.

인용하기 각주는 다음과 같은 형태이다.

육군 대학의 설립 등 육군 교육 체제의 개선도 군을 강화하고 군대를 배타적인 귀족집단으로 만들게 될 것이라는 이유로 거부되었다. 정규군에 대한 거부는 주로 건국 이전 식민시기에 형성되고 강화된 것이었다. 이 시기 동안 정규군은 식민 모국의 수탈 기구였을 뿐 아니라 미국이 새로운 이상으로 삼았던 평등하고 자유로운 사회를 위협하는 사회적 압제의 도구로 인식되었다. 따라서 미국은 건국 이후 사관학교의 입학 정원을 지역적으로 분배하는 등 정규군이 배타적인 특권 집단이 되는 것을 크게 경계해 왔다. 이러한 관점에서 육군 대학의 설립과 군 교육 체계의 강화는 군대를 강화하는 동시에 군을 배타적인 집단으로 만들려는 시도로 비판되었다.[1]

---

1) 육군 대학은 또 프러시아 독일군 개혁의 상징으로 독일 군국주의를 미국에 도입하는 시도로 비판되기도 하였다. 육군 대학은 프러시아가 나폴레옹 군대에게 패배한 뒤 일군의 개혁 세력이 육군 쇄신을 위해 세운 대표적인 기구 중 하나였기 때문이다. Peter Daniel Skirbunt, Prologue to Reform: The

Germanization of the United States Army, 1865-1898, Ph. D. Dissertation, The Ohio State University, 1983, p, 3.

인용하기 각주만 따로 떼어내면 다음과 같은 형태가 된다.

1) 육군 대학은 또 프러시아 독일군 개혁의 상징으로 독일 군국주의를 미국에 도입하는 시도로 비판되기도 하였다. 육군 대학은 프러시아가 나폴레옹 군대에게 패배한 뒤 일군의 개혁 세력이 육군 쇄신을 위해 세운 대표적인 기구 중 하나였기 때문이다. Peter Daniel Skirbunt, Prologue to Reform: The Germanization of the United States Army, 1865-1898, Ph. D. Dissertation, The Ohio State University, 1983, p, 3.

인용하기 각주는 인용하는 방식에 따라 '직접인용' '간접인용' '재인용'의 3가지 형태로 나뉜다.

직접인용은 말 그대로 다른 사람의 연구결과를 원문 그대로 가져다 쓰는 방식이다. 원저자가 표현한 그대로 가져다 써야 할 경우에 사용하게 된다.

이런 경우라면 어떤 것이 해당할까? 여기서 사용한 목적은 신뢰도와 정당성을 높이기 위해서이다. 기존 연구결과 또는 자료를 원문 그대로 수록하면 글의 신뢰를 높이는 데 유용하기 때문이다. 다음의 예시를 참고하자.

직접인용

> 　김범수(2015)는 "다문화 정책에 관한 다양한 이론으로는 용광
> 로 이론, 샐러드 볼 이론, 모자이크 이론, 국수 대접 이론 등이 있
> 다. 용광로 이론은 다문화에 대한 태도 중 동화주의와 맞닿아 있
> 다. 동화주의는 이주민 등 비주류 문화가 주류 문화에 적응하고
> 통합될 수 있도록 한다는 것이다. 다양한 문화가 용광로에서 섞여
> 새로운 문화로 재탄생된다"라고 말했다(P.10).

　'김범수(2015)는 "(중략) 새로운 문화로 재탄생된다"라고 말했다(P.10)'의 형식임을 알 수 있다. 직접인용은 이같이 저자명(발행연도)+"직접인용한 글"(쪽수)의 형태로 써야 한다. 논문 인용 표시방법은 '시카고스타일' 'APA스타일' 'MLA스타일'의 3가지가 대표적이다. 시카고스타일은 인문학분야, APA스타일은 사회과학, MLA스타일은 예술분야 등에서 활용된다.

　여기서는 APA스타일을 기준으로 설명하고자 한다. 다른 방식에 비해 상대적으로 쉽고 간단하여 학생들도 무리 없이 활용할 수 있기 때문이다. 직접인용은 큰 따옴표("")로 표기하고 긴 분량(3줄 이상)을 인용할 경우에는 독립 문단으로 구성한 후 본문보다

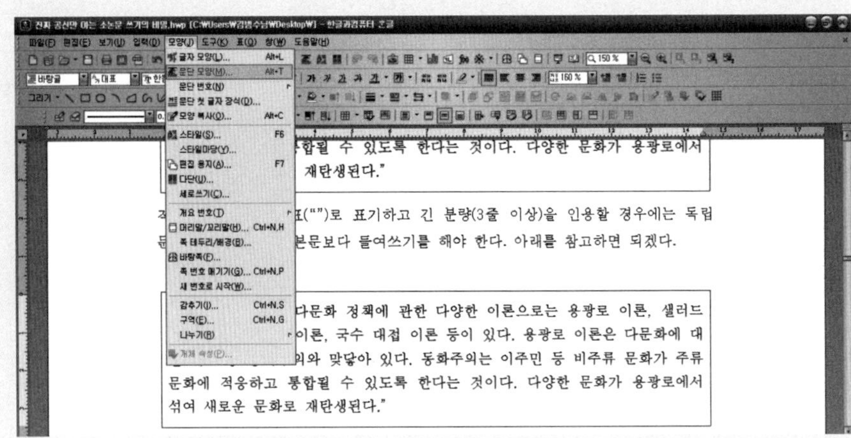

들여쓰기 1

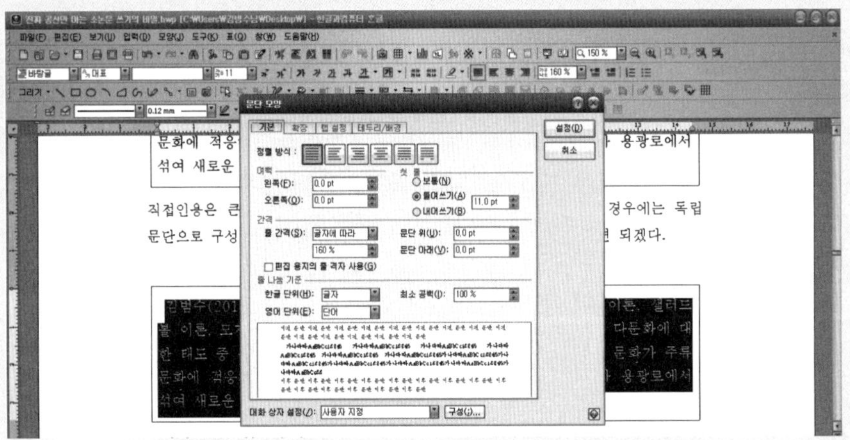

들여쓰기 2

들여쓰기를 해야 한다. 들여쓰기는 '모양 → 문단모양 → 들여쓰기'의 순서대로 클릭하면 된다. 옆의 이미지를 참고하면 한결 쉬울 것이다.

여기까지 설명을 한 후 질문을 받으면 빠지지 않고 나오는 질문은 바로 이것이다.

"직접인용을 할 때 인용할 분량이 많으면 어떻게 해야 하나요? 직접인용이 너무 많으면 산만해진다고 하던데요?"

이럴 때를 위해 존재하는 단어가 바로 '상략' '중략' '하략'이다. 상략은 글이나 말의 앞부분을 생략하는 것을 말한다. 중략과 하략은 각각 말이나 글에서 중간의 일부 또는 아랫부분을 줄이는 것을 의미한다. 다음의 예시를 참고하자.

> 김범수(2015)는 "다문화 정책에 관한 다양한 이론으로는 용광로 이론, 샐러드 볼 이론, 모자이크 이론, 국수 대접 이론 등이 있다. 용광로 이론은 다문화에 대한 태도 중 동화주의와 맞닿아 있다. 동화주의는 이주민 등 비주류 문화가 주류 문화에 적응하고 통합될 수 있도록 한다는 것이다. 다양한 문화가 용광로에서 섞여 새로운 문화로 재탄생된다"라고 말했다(P.10).

↓

> 　김범수(2015)는 "다문화 정책에 관한 다양한 이론으로는 (중략) 용광로 이론은 다문화에 대한 태도 중 동화주의와 맞닿아 있다. 동화주의는 이주민 등 비주류 문화가 주류 문화에 적응하고 통합될 수 있도록 한다는 것이다(하략)"라고 말했다(P.10).

다시 한 번 정리하자면, 직접인용을 통해 가져올 분량이 많을 경우에는 '상략' '중략' '하략'을 활용해 적절한 분량으로 편집해주면 된다. 직접인용의 단점은 인용할 분량이 많을 경우 산만해지고 글의 요지를 한눈에 파악하기 어렵다는 데 있다. 따라서 직접인용할 분량이 많다면 적절히 내용을 줄여주는 것이 필요하다.

간접인용

간접인용은 다른 사람이 쓴 원문에 자신의 색깔을 입혀서 내놓는다고 생각하면 된다. 원문을 자신이 이해한 내용으로 요약하거나 재구성해서 표현하는 인용법이다.

간접인용의 방식은 영어표현 'according to'를 생각하면 된다. '~에 의하면, 따르면' 등과 같은 표현을 통해 간접인용을 나타내게 된다. 자신이 이해한 내용으로 요약하거나 재구성해서 표현한다는 의미를 오해하면 곤란하다. 원문의 내용을 왜곡시켜서는 안 된다는 것이다. 다음을 참고하자.

> 김범수에 의하면 다문화 정책에 관한 다양한 이론으로는 용광로 이론, 샐러드 볼 이론, 모자이크 이론, 국수 대접 이론 등이 있다. 용광로 이론은 다문화에 대한 태도 중 동화주의와 맞닿아 있다. 동화주의는 이주민 등 비주류 문화가 주류 문화에 적응하고 통합될 수 있도록 한다는 것이다. 다양한 문화가 용광로에서 섞여 새로운 문화로 재탄생된다라고 했다.(김범수, 2016, P10).

직접인용은 큰 따옴표를 사용했지만 간접인용은 따옴표를 사용하지 않는다. 간접인용은 ' ~ 에 의하면 (중략) 새로운 문화로 재탄생된다라고 했다.(김범수, 2016, P10)'처럼 표기하는 형태이다. 간접인용 문장의 끝에는 '(김범수, 2016, P10)'라는 표기가 있다. '(저자명, 발행 연도, 페이지)'순으로 표기하는 방식이다.

재인용

재인용은 말 그대로 다른 사람이 인용했던 것을 다시 한 번 인용하는 것을 말한다. 예시로 보면 바로 이해가 될 것이다.

‘역사상 존재해 온 모든 사례들에서, (중략) 빛바랜 역사 책 속으로 사라질 것인가? 결단코 후자가 아니다(Hobstadter, 1989, p. 275에서 재인용)’라는 형태에서 알 수 있듯이 ‘원저자 → 발행연도 → 해당 쪽수 → ~에서 재인용’이라는 형태를 보인다. 원문이 여러 외국어로 번역 되는 단계를 거치다 보니 원문의 확인이 어려운 경우 또는 원문의 소실 등으로 확인하기 어려운 경우에 활용한다.

진짜 공신들만 보는 대표 소논문

내용주와 참조주

각주는 그 형태에 따라 내용주와 참조주로 나눌 수 있다.

내용주는 본문에 대한 보충 설명이 필요할 때 활용하는 방식이다. 생소하거나 전문적인 용어에 대한 설명, 분량 등의 문제로 본문에서 소화가 어려운 경우 등에 쓰이는 형태라고 이해하면 쉽다. 참조주는 문자 그대로 자신이 인용하거나 참고한 내용을 표시할 때 활용하는 각주이다.

내용주

내용주는 생소하거나 전문적인 용어에 대한 설명, 분량 등의 문제로 본문에서 소화가 어려운 경우 등에 쓰는 형태라고 설명했다. 내용주 예시도 분량의 문제로 본문에서 모두 다루기 어려운 형태를 담았다. 여기까지 설명하면 이런 의문이 들 수 있다.

'귀찮게 내용주 따위 달지 말고 그냥 본문에 다 넣으면 되는 거 아냐?'

물론 그렇게 해도 잡혀가거나 법적인 책임을 지지 않는다. 하지만 번거롭게 내용주를 다는 이유가 있지 않을까? 그 이유는 바로 논문이기 때문이다.

논문을 작성하다 보면 기존 연구결과에 대한 다양한 인용은 필수이다. 왜냐하면 논문은 '학문과 지적 호기심을 다양한 참고자료를 통해 설명 또는 주장을 하는 논증적 글쓰기'이기 때문이다. 그래서 번거롭게 내용주를 넣는 것이다. 인용이 과하면 기존 연구결과들을 그저 짜깁기한 것에 불과해지기 때문이다. 인용하기는 '내가 하고자 하는 주장이 기존 연구결과 등 여러 가지 참고자료를 통해서 확인해본 결과 논리적이고 신뢰할 수 있다'는 것을 보여주는 역할에 머물러야 한다.

내용주를 활용하면 본문에서 인용하는 분량을 줄여주는 동시에 자세한 보충설명의 효과를 얻을 수 있다는 장점이 있다.

미국의 전통에 보다 충실한 방안으로 주방위군을 개선하고 연방의 통제력을 강화하는 방안이 고려되었다. 이미 미서 전쟁에서 확연히 드러났거니와 주방위군은 19세기 동안 대부분의 주에서 낙후된 상태로 방치되어 평소 훈련 및 조직 상태가 대단히 취약했다. 이는 창설 이후 100여 년 동안 주방위군을 관리해 온 기본 규정이 연방에 의한 통제와 관리를 배제하고 있었기 때문이다. 상술한 바 19세기 후반 이후 정규군 장교단은 주 방위군에 대한 강한 불신을 가지고 있어서 주방위군의 효용성에 대해 회의적이거

나 극도의 적대감을 갖는 경우가 대부분이었다.[1]

---

1) 정규군 장교단의 주방위군, 민병대에 대한 불신은 업튼의 저서에 잘 드러나 있다. 업튼의 저서는 20세기 초까지 정규군 장교단의 개혁 교과서였기 때문이다. 업튼은 다음과 같이 기술하고 있다. '건국 이후 전쟁 사례들로부터 역사가들과 대중들은 우리가 싸워 온 전쟁들은 모두 민병대와 지원군에 의한 것이었으며 이에 모두 승리했으므로 우리는 무적이라는 생각을 가지고 있다. 그러나 그들이 잘 모르고 있는 것은 그 전쟁들이, 거의 모든 경우, 필요 이상으로 지연되었고, 많은 문제점들을 노출했다는 것이다. 전쟁에서의 승리가 국민들이 상황을 파악하지 못하게 해 왔던 것이다.' Emory Upton, The Military Policy of United States,(Washington DC., GPD, 1912), p. 14.

참조주

참조주는 문자 그대로 자신이 인용하거나 참고한 내용을 표시할 때 활용한다. 인용하거나 참고한 내용을 적은 다음 끝부분에 참고한 자료의 저자명+연도를 적는 형태이다. 지금까지 언급한 형태 외에도 내주, 후주와 같은 여러 방식이 있다. 하지만 일반적으로 많이 쓰는 형태가 아니기 때문에 '이런 방식도 있구나' 하는 정도로만 알고 넘어가도 무방하다.

형벌은 결코 범죄자 자신이나 시민 사회를 위해서 어떤 다른 선을 촉진하기 위한 한낱 수단으로 가해질 수는 없고, 오히려 그가 범죄를 저질렀기 때문에 항상 그 때문에 그에게 가해지지 않으면 안 된다. 왜냐하면 인간은 결코 타인의 의도들을 위한 수단으로 취급될 수는 없고, 물권의 개상들 중에 섞일 수는 없기 때문이다. 그리고 형벌에 있어서 공적인 정의가 의존하는 원리는 동등성의 원리이다. 오직 보복 법만이 형벌의 질과 양을 명확하게 제시할 수 있다. 그러므로 그가 살인을 했다면 그는 죽어야만 한다 (칸트, 1800).

사형은 한순간에 강렬한 인상만을 줄 뿐이다. 반면에 종신 노역 형은 더 큰 공포를 안겨 준다. 구경꾼은 수형자가 당하는 고통의 합산을 고려하므로 인간 정신에 미치는 효과가 사형에 비해 크다. 처벌이 지속적 효과를 가질 때 범죄를 더 잘 예방할 수 있다 (베카리아, 1780).

진짜 공신들만 보는 대표 소논문

참고문헌 작성방법

　본문에 인용한 학위논문, 학술지, 단행본, 신문, 전자자료와 같은 참고문헌은 별도로 기록해야 한다. 각주로 1번 그리고 참고문헌으로 또다시 1번, 그러니까 총 2번에 걸쳐 정리하는 셈이다. 번거로울 수 있겠지만 반드시 필요한 과정이다. 왜냐하면 논문은 다른 연구자들의 연구결과 중 필요한 자료를 자신만의 지식으로 재해석하는 과정이기 때문이다. 필요성을 제대로 느끼지 못하고 신경을 쓰지 않으면 언제든 표절과 저작권 시비에 휘말릴 수 있다.

잊을 만하면 유명 연예인, 정치인, 스포츠선수, 교수 등이 논문 표절 문제로 곤혹을 겪는 경우가 생기는 것도 이런 맥락이다. 참고문헌 기술방식은 다음 장의 예시를 참고하자.

직접인용

다른 사람의 연구결과를 원문 그대로 가져다 쓰는 방식을 말한다.

표기법	저자명(발행연도)+"직접인용한 글"(쪽수)
예시	김범수(2015)는 "(상략) 재탄생된다"라고 말했다(P.10)

간접인용

원문을 자신이 이해한 내용으로 요약하거나 재구성해서 표현하는 인용법을 말한다.

표기법	저자명, 발행 연도, 페이지
예시	~ 에 의하면 (중략) 재탄생된다라고 했다.(김범수, 2016, P10)

재인용

다른 사람이 인용했던 것을 다시 한 번 인용하는 것을 말한다.

표기법	원저자, 발행연도, 해당 쪽수. ~에서 재인용
예시	(Hobstadter, 1989, p. 275에서 재인용)

학위논문

석사와 박사학위를 수여받기 위해 작성하는 논문이다. 학위 수여 기관과 학위 종별을 주의해야 한다.

표기법	저자명(수여연도), 논문명, 학위명, 수여기관명, 소재지
예시	김범수(2015), 학생부연구, 석사학위논문, ○○대학교 대학원, 서울

학술지

연구자가 작성한 논문을 발표하는 잡지이다. 일정 기간마다 발행되는 형태이기 때문에 권(호)에 주의해야 한다.

표기법	저자명(발행 연도), 논문명, 저널명, 권(호), 수록 쪽수
예시	김범수(2015), 사형제도연구, 한국교정학회, 10. 100 ~ 106

단행본

일정 기간마다 발행하는 형태가 아닌 1권, 1권을 단독으로 출판하는 서적이다. 단권책이라고도 한다.

표기법	저자명, 출판연도, 서명, (버전), 발행지: 발행사
예시	김범수, 2015, 진짜 공신이 되는 기적의 공부법, 서울: 더디퍼런스

신문

표기법	기자명(발행년.월.일), 기사명, 신문사명, 페이지
예시	김범수(2014.1.14), 성인시장으로 옮겨가는 기숙학원, 《동아일보》, p. 2

전자자료

인터넷을 통해 얻은 각종 자료(인터넷 뉴스, 전자책, 기타 문서 등)를 말한다.

표기법	저자명(출판연도), 제목, [검색날짜], 〈웹사이트 주소〉
예시	김범수, 동아시아 조몬토기, [2015. 5. 1], 〈http://cafe.naver.com/skylovedu〉

5

저작권,
어떻게 해야 할까?

    계속해서 강조하지만 논문은 '학문과 지적 호기심을 다양한 참고자료를 통해 설명 또는 주장하는 논증적 글쓰기'이다. 따라서 각주와 참고문헌 등을 통해 자신이 참고하거나 활용한 각종 자료의 출처를 밝혀야만 한다. 하지만 언제든 표절과 저작권 침해 문제 등이 문제시될 수 있다. 이 때문에 저작권 문제는 소논문을 쓸 때 반드시 짚고 넘어가야 할 부분이기도 하다.

"저작권, 묻지도 따지지도 않고 무조건 있나요?"

이 질문에 대한 대답은 '아니다'. 저작권을 보호받는 저작물도 있지만 아닌 저작권도 있기 때문이다. 바로 '공유저작물(기증저작물)'이다. '자유이용저작물'이라고도 한다. 이 저작물들은 공공의 이익을 위해 모두가 자유롭게 활용할 수 있다.

기증저작물은 한국저작권위원회의 공유마당 홈페이지(http://gongu.copyright.or.kr)와 사진저작권관리협회(http://www.photocopyright.or.kr), 정보공유라이센스(http://www.freeuse.or.kr), 국가, 지방자치단체, 공공기관 등이 공공저작물 정보를 통합 제공하는 공공누리포털(http://www.kogl.or.kr) 등 유관기관 홈페이지를 통해 확인할 수 있다.

공유저작물도 어떤 용도로든 자유롭게 활용이 가능한 저작물 또는 출처를 표시한 후 비영리 목적으로만 활용할 수 있는 저작물 등 다양하기 때문에 해당 저작물의 사용조건을 사전에 확인하는 것이 필요하다. 공유저작물의 내용은 다음과 같다.

- 국가 · 지방자치단체의 고시, 공고, 훈령

- 사실전달에 불과한 시사 보도

- 헌법, 법률, 조약, 명령, 조례, 규칙 등 법령

- 법원의 판결, 결정, 명령, 심판, 행정심판절차

- 국가·지방자치단체가 작성한 상기의 편집물 또는 번역물

- 지적재산권이 소멸된 저작물

- 저작권자가 지적재산권을 포기한 저작물

- 저작권의 보호기간이 만료된 저작물

- 저작권자가 무료로 이용하도록 허락한 저작물

- 저작권 기증저작물 등

공유저작물을 활용하는 방법 외에 저작권자의 허락 없이도 저작물의 자유이용이 가능한지를 따져보는 것도 방법이다. 저작권법에는 저작물의 자유이용이 가능한 구체적인 경우는 다음과 같다.

- 정치적 연설 등의 이용

- 학교 교육 목적 등의 이용

- 시사보도를 위한 이용

- 시사적인 기사 및 논설의 복제 등

- 공표된 저작물의 인용

- 사적 이용을 위한 복제

- 도서관 등에서의 복제

- 시험문제로서의 복제

• 그 밖의 경우

소논문 작성에서 가장 조심해야 할 저작권 문제는 영리목적 활용을 위한 출판에 있다. 소논문을 모아서 시중에 종이책으로 출간하거나 전자책으로 출간하는 경우는 저작권에 위배된다. 비영리적인 학문연구활동을 위한 소논문 작성은 문제없지만 그 선을 넘어 영리적인 목적을 추구한다면 논문에서 인용한 저작권자들의 동의를 일일이 받아야 한다. 명심하자.

공공누리 홈페이지

공유마당 홈페이지

한국사진저작권관리협회공유저작물 홈페이지

정보공유라이선스 홈페이지

진짜 공신들만 보는 대표 소논문

소논문의 품격은 맞춤법과 구두점이 결정한다

　'진짜 잘 쓴 문장'이란 미사여구가 가득한 문장이 아니라 사람들이 읽을 때 아무런 의심과 의문, 궁금증 없이 자연스레 넘어가는 문장이라 정의하고 싶다. 특히 학문과 지적 호기심을 다양한 참고자료를 통해 설명 또는 주장을 하는 논증적 글쓰기인 논문이라면 더더욱 중요한 글쓰기 포인트라고 할 수 있다.

　개인적인 경험담을 잠시 털어놓겠다. 국내 모 그룹에서 신입사원 연수를 받을 때의 기억이다. 수백 명의 동기들이 강당에서 강의를 듣고 있었는데, 그때 강사가 이렇게 말했다.

"여러분, 여러분은 지금 수백 명 중의 1명이기 때문에 졸거나 딴 짓을 해도 모를 거라고 생각하실 텐데요. 신기하게도 말이죠, 앞에 서 있으면 다 보여요. 그러니까 강의에 집중합시다. 누군지 다 체크하고 있으니까요."

그때는 무슨 의미인지 전혀 몰랐는데 요즘에는 '아, 이런 느낌이었구나' 하는 생각이 든다. 청중 수백 명을 앞에 두고 강의하더라도 딴짓을 하거나 잡담을 하거나 자는 사람들은 아주 선명하게 눈에 들어온다.

글쓰기도 마찬가지이다. 기자 생활을 할 때의 이야기이다. 기자들도 간혹 실수를 하는 경우가 있다. 오·탈자나 구두점을 엉뚱하게 사용하는 종류의 실수인데, 그것만 족집게같이 찾아내 항의하는 독자들이 있다. '기사 내용이 중요하지 뭐 고작 오·탈자나 구두점 가지고 피곤하게 항의까지 하냐? 숲을 못 보고 나무만 보는 사람들이네'라는 생각을 했는데, 뒤집어서 생각하면 기사 내용은 흠잡을 데 없을 정도로 완벽했다는 의미이다. 그렇기 때문에 그런 사소한 실수가 돋보였던 것이다. 거울을 보다 보면 작은 뾰루지가 아주 크게 보인 적이 한 번씩은 있을 것이다. 그런 느낌이라고 생각하면 될 것이다.

고생해서 쓴 논문이 고작 오·탈자와 구두점 때문에 지적을 받는다면 기분도 나쁘겠지만, 더 중요한 것은 고작 그런 이유로 인해 논문의 신뢰성이 훼손된다는 사실이다. 의외로 이런 문제를 사소하게 생각하는 경우가 적지 않다. 하지만 절대 사소하지 않다는 점을 명심하고 또 명심해야만 한다.

맞춤법

맞춤법은 쉽게 이야기하면 오·탈자 찾기라고 보면 된다. 먼저 다음의 예시를 먼저 읽어보도록 하자. 실제 고3이 쓴 문장이다.

저는 어릴 적부터 과학에 관련된 것에 흥미가 있고 좋아했습니다. 그래서 tv의 동물의 왕국이 남들은 정말 지루하게 보여도 저는 강하게만 보였던 동물의왕 사자들이 초식동물한테 뒷발로 차일 때나 하이에나한테 밀리는 모습들이 재밌게 보였습니다. 제가 진짜 과학을 좋아하게 된건 tv의 로봇들이 나와서 싸우는 프로그램인 '로봇파워'라고 휴머노이드나 배틀로봇들이 나와서 싸우는 프로그램이였는데 어렸을 때 저에겐 정말 재미있었습니다. 그때부터 로봇에 관련된 서적, 기사등을 많이 보고 로봇 조립도 많이했습니다. 중간에 다른 꿈들도 많이 생각해 봤는데 다른 분야는 생각해보니까 그 직업을 평생 동안 갖고 일하면 질리고 쉽게 포기할 것 같았습니다. 그래서 생각해보니 로봇은 발전 가능성도 많고 제가 흥미가 많기 때문에 이 분야에서 일하면 열정있고 재밌게 잘 할수있겠다고 생각했습니다. 고등학교에 와서 터미네이터나 리얼스틸, 트렌스포머 같은 영화를 본것을 생각하면서 현실에서도 저런 로봇들이 만들어질수있다면 트렌스포머 처럼 변신하려면 자유자재로 변형이가능한 철, 리얼스틸 처럼 가볍고도 강력한 재료, 터미네이터2에 나온 악당처럼 단단하면서도 유연한 소재가 개발되어야 된다고생각했습니다. 그래서 저런 신소재를 배울 수 있는 대학을 가면 정말 제가 열정적으로 할수있다고 생각했습니다.

어떤 느낌인지 물어보고 싶다. 십중팔구 띄어쓰기와 맞춤법이 엉망이라고 생각할 것이다. 위 예시에서 정확히 어떤 부분이 문제가 되는지 형광펜을 칠해두었다.

저는 어릴 적부터 과학에 관련된 것에 흥미가 있고 좋아했습니다. 그래서 tv의 동물의 왕국이 남들은 정말 지루하게 보여도 저는 강하게만 보였던 동물의왕 사자들이 초식동물한테 뒷발로 차일 때나 하이에나한테 밀리는 모습들이 재밌게 보였습니다. 제가 진짜 과학을 좋아하게 된건 tv의 로봇들이 나와서 싸우는 프로그램인 '로봇파워'라고 휴머노이드나 배틀로봇들이 나와서 싸우는 프로그램이였는데 어렸을 때 저에겐 정말 재미있었습니다. 그때부터 로봇에 관련된 서적, 기사등을 많이 보고 로봇 조립도 많이했습니다. 중간에 다른 꿈들도 많이 생각해 봤는데 다른 분야는 생각해보니까 그 직업을 평생 동안 갖고 일하면 질리고 쉽게 포기할 것 같았습니다. 그래서 생각해보니 로봇은 발전 가능성도 많고 제가 흥미가 많기 때문에 이 분야에서 일하면 열정있고 재밌게 잘할수있겠다고 생각했습니다. 고등학교에 와서 터미네이터나 리얼스틸, 트렌스포머 같은 영화를 본것을 생각하면서 현실에서도 저런 로봇들이 만들어질수있다면 트렌스포머 처럼 변신하려면 자유자재로 변형이가능한 철, 리얼스틸 처럼 가볍고도 강력한 재료, 터미네이터2에 나온 악당처럼 단단하면서도 유연한 소재가 개발되어야 된다고생각했습니다. 그래서 저런 신소재를 배울 수 있는 대학을 가면 정말 제가 열정적으로 할수있다고 생각했습니다.

맞춤법을 잘못 사용한 사례가 정말 많다. 잘못된 표현이 너무 많으니 몇 사례만 짚어보자.

우선 '차일때나'를 보자, 바른 표현은 '차일 때나'이다. '열정있
고' '만들어질수있다면' 등도 '열정 있고'와 '만들어질 수 있다면'
이 바른 표현이다. 기자 출신인 나도 맞춤법과 띄어쓰기 실수할
때가 종종 있다. 글쓰기에 비전문가인 학생들은 말하면 입만 아플
것이다.

그렇다면 어떻게 해야 할까? 조금만 신경 쓰면 방법은 간단하
다. 크게 2가지 방법이 있다.

첫 번째는 워드프로그램의 맞춤법 교정기능을 활용하는 것이
다. 한글이나 훈민정음, MS워드 같은 워드프로그램에는 맞춤법을
교정해주는 기능이 있다. 이 기능만 활용해도 어지간한 띄어쓰기
와 오·탈자는 잡아낼 수 있다. 두 번째는 인터넷사이트를 활용하
는 방법이다. 국내 대표적인 포털사이트 혹은 국립국어원에서 제
공하는 맞춤법 검사 기능이다.

한글프로그램을 이용한 맞춤법 검사

한글프로그램의 맨 위를 주목하자. '도구'라는 단어가 보일 것이
다. 그 도구를 클릭하면 아래처럼 하위 메뉴가 나온다. 이 하위 메
뉴를 보면 바로 맨 위에 '맞춤법'이라고 되어 있고, 이 맞춤법을 클
릭하면 '맞춤법 검사/교정'이라는 창이 생긴다. '시작'이라는 아이

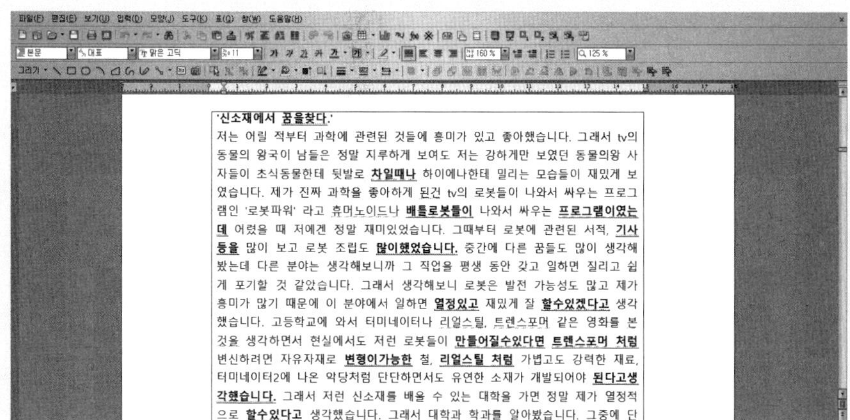

한글프로그램 맞춤법 검사기 1

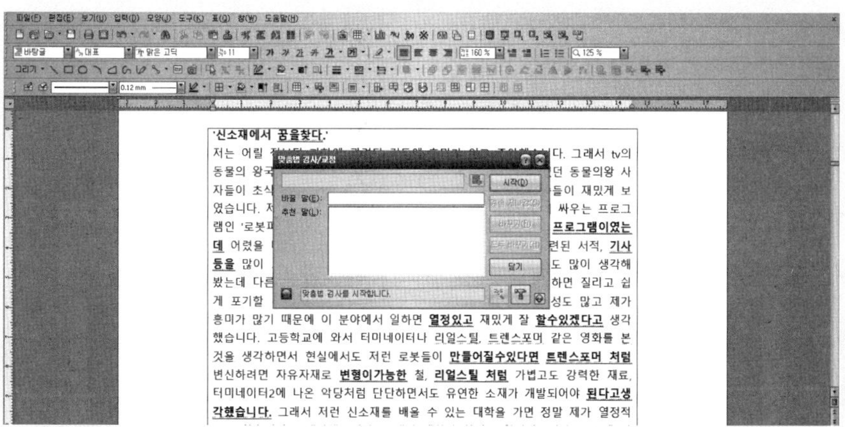

한글프로그램 맞춤법 검사기 2

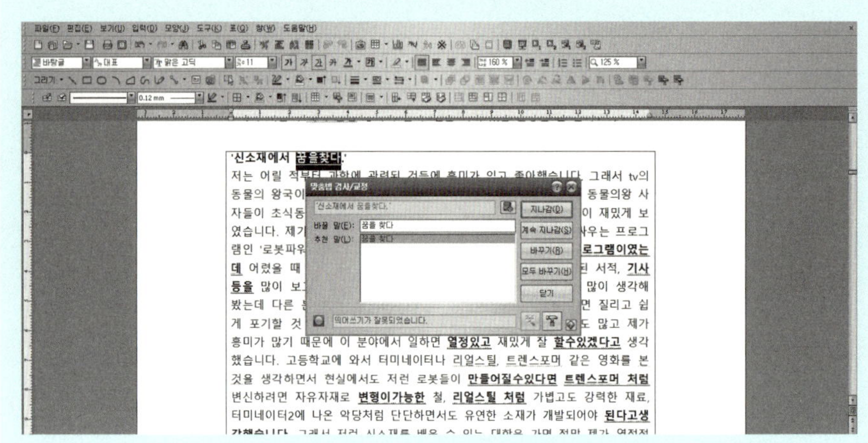

콘을 누르면 자동으로 맞춤법 검사가 시작된다.

'시작'을 누르면 문제가 되는 단어를 찾아낸다. '바꾸기'를 누르면 올바른 표현으로 바꿔준다.

주의할 점은 이 맞춤법 기능도 너무 맹신하지 말라는 것이다. 프로그램의 한계라 할 수 있다. 예를 들어서 ' ~처럼'이라는 문장이 있다고 가정하자. 맞춤법 기능에서는 간간히 ' ~저럼'이라는 표현으로 바꾸라고 한다. 따라서 맞춤법 기능을 돌려본 후 그대로 끝내지 말고, 고쳐진 내용을 꼼꼼히 다시 한 번 읽어보면서 제대로 수정되었는지 그리고 어색한 표현은 없는지 살펴보길 추천한다.

인터넷을 이용한 맞춤법 검사

또 다른 방법은 인터넷포털사이트에서 제공하는 맞춤법 기능을 활용하는 것이다. 국내 유명 인터넷포털사이트를 기준으로 설명하겠다. 포털사이트의 검색창에 '맞춤법 검사기'라는 검색어를 입력하면 다음과 같은 화면으로 연결된다.

인터넷포털사이트의 맞춤법 검사기 1

왼편에 있는 박스에 맞춤법을 검사한 문장을 붙여 넣은 후 '검

사'라는 아이콘을 누르면 오른쪽 박스에 다음과 같은 결과가 나타
난다. 맞춤법과 띄어쓰기, 표준어 의심단어까지 문제가 될 만한 내
용을 구분해서 결과를 알려주기 때문에 많은 도움이 될 것이다.
국립국어원에서 제공하는 맞춤법 검사기를 활용해도 되겠다.

인터넷포털사이트의 맞춤법 검사기 2

구두점

구두점은 '글에 찍는 쉼표와 마침표'를 말한다. 논문, 보고서 등 어느 정도 격식이 필요한 글쓰기에서 약방의 감초 같은 역할을 한다. 좀 더 쉽게 표현하면 구두점은 깨끗이 세안한 얼굴에 바르는 비비크림이라 할 수 있을 것이다. 쉼표와 마침표라는 첨가제 때문에 어렵고 딱딱한 문장을 극복할 수 있다고 해도 과언이 아닐 것이다.

다음의 예시를 보자.

광고의 기본은 무엇인가 바로 눈길을 잡아야 한다는 것이다

광고를 보는 사람의 뇌와 신경세포를 자극해 아 저런 거 하나는 있어야 해

라는 인식을 심어주고 구매하게끔 만드는 것이다 자기소개서도 동일하다

내 자기소개서를 본 대학관계자들이 아 저런 학생은 우리 대학에서 반드시 모셔와야 해라고 군침을 흘릴 수 있게 해야 한다 말은 쉽지

《IN 서울 대학 자기소개서 쓰기의 비밀》의 본문 내용을 예시로

들었는데, 문장에서 구두점을 모두 지웠다. 어떤가?

일단 의미전달이 불확실하다. '광고의 기본은 무엇인가 바로 눈길을 잡아야 한다는 것이다'라는 문장의 의미가 바로 와 닿지 않는다. 무슨 의미인지 생각을 하게끔 하는 문장이다. 2가지 정도로 의미가 압축될 것이다. '무엇인가 바로 눈길을 잡아야 하는 것이 광고의 기본이다'라는 의미와 '광고의 기본은 무엇이라고 생각해? 바로 눈길을 잡아야 하는 것이야'라는 뜻은 같지만 뭔가 미묘하게 문장의 의미가 달라지는 느낌이다.

문장이 어디서 끝나는지 알려주는 마침표와 어디서 끊어 읽어야 하는지 알려주는 쉼표도 없다 보니 읽고 싶은 생각이 들지도 않고 읽어도 답답하다는 느낌이 들 것이다. 하지만 동일한 문장에 구두점을 활용하면 어떤 차이점이 생길까?

광고의 기본은 무엇인가? 바로 눈길을 잡아야 한다는 것이다.

광고를 보는 사람의 뇌와 신경세포를 자극해 '아 저런 거 하나는 있어야 해!'

라는 인식을 심어주고 구매하게끔 만드는 것이다. 자기소개서도 동일하다.

내 자기소개서를 본 대학관계자들이 '아 저런 학생은 우리 대학에서 반드시 모셔와야 해!!!'라고 군침을 흘릴 수 있게 해야 한다. 말은 쉽지?

문장에 마침표, 느낌표, 물음표, 작은따옴표만 추가했을 뿐인데 앞의 글이랑은 달라도 너무 다른 느낌을 준다. 전달하려는 의미도 정확해지고 느낌표 개수에 따라 문장의 느낌도 확 달라졌으며, 뭔가 짜임새 있는 문장이 되어버렸다. 그렇다면 이제 구두점의 구체적인 쓰임새를 알아보자.

마침표

문장의 끝맺음을 나타내는 문장부호이다. 마침표 3형제는 제목에는 쓰지 않는다. '대한민국은 민주공화국이다'처럼 따옴표 안에서 문장이 끝날 경우는 '대한민국은 민주공화국이다.'와 같이 따옴표 안에 마침표를 써야 한다.

마침표(.)	문장을 끝맺을 때 사용한다. ※ '온점'이라 불렸으나 2014년 '마침표'로 용어 변경
느낌표(!)	감탄, 놀람, 부르짖음, 명령 등을 강하게 나타내는 말 다음에 사용한다.
물음표(?)	의심이나 물음을 나타내는 문장 끝에 사용한다.

쉼표

문장을 끊어야 할 때 사용하는 문장부호이다.

반점(,)	주로 문장을 끝맺을 때 사용한다. ※ 숫자 나열, 도치된 문장 등에 사용한다.
쌍점(:)	주로 앞 문장 부연 설명에 사용한다.
반쌍점(;)	참고문헌이 하나 이상일 때 구별을 위해 사용한다.

따옴표

큰따옴표("")와 작은따옴표('')로 구성돼 있다.

큰따옴표("")	1. 다른 자료나 연구결과를 인용할 때 사용한다. 2. 직접적인 대화를 담아야 할 때 사용한다. (예) 이승만 대통령은 북한군이 기습 남침했을 때 "서울 시민 여러분, 안심하고 서울을 지키시오. 적은 패주하고 있습니다. 정부는 여러분과 함께 서울에 머물 것입니다"라고 국민들을 안심시켰다. 하지만 이 대통령 자신은 서울에 없었다.
작은따옴표(' ')	1. 문장의 중요한 부분을 표시한다. 2. 인용단어·구절을 나타낼 때 사용한다. (예) 이순신 장군은 원균을 '흉악한 도적'으로 묘사했다.

묶음표

숫자·문자, 문장·수식의 앞뒤를 막아 구별할 때 사용한다. 소괄호( ), 중괄호{ }, 대괄호〔 〕가 있으며 논문은 주로 소괄호를 활용한다.

소괄호( )	1. 숫자·문자, 문장·수식의 앞뒤를 막아 구별할 때 사용한다. 2. 용어에 대한 설명, 원어, 시기 등을 기입할 때 사용한다. (예) 위만조선(위만의 집권 후 멸망할 때까지의 고조선)

설문지, 아직도 복사하니?

소논문을 작성하다 보면 설문지를 활용해야 하는 경우가 적지 않다. 얼마 전 초등학교 6학년짜리 딸이 컴퓨터로 뭔가를 열심히 프린트하는 모습을 보았다. 출력한 내용은 '곤충이 학교 급식으로 나오는 것을 어떻게 생각하나요?' '곤충이 학교 급식에 나온다면 어떤 종류였으면 좋겠습니까?'와 같은 설문으로 가득했다. 이유를 물어보니 학교에서 과학토론대회 최우수상을 받았다고 한다. 교육청 과학토론대회에 대표로 나간다는 설명과 함께 '설문지로 친구들의 의견을 조사하겠다'는 것이었다. 수십 명을 대상으로 설문을 진행해야 돼서 꽤나 많은 종이가 필요했다.

만약 설문지를 활용해야 한다면 어떻게 할 것인가? 초등학생, 중학생, 고등학생 모두가 워드프로그램으로 설문지를 만든 다음 인쇄하는 모습을 상상할 것이다. 개인적으로는 이런 방식을 선호하지 않는다. A4용지 4박스를 만드는 데에는 30년 된 원목 1그루가 필요하다고 한다. 딸아이의 미래를 생각할 때, 반가울 수만은 없는 현실이다.

여기서 추천하는 방식은 인터넷을 활용하는 것이다. 국내 유명

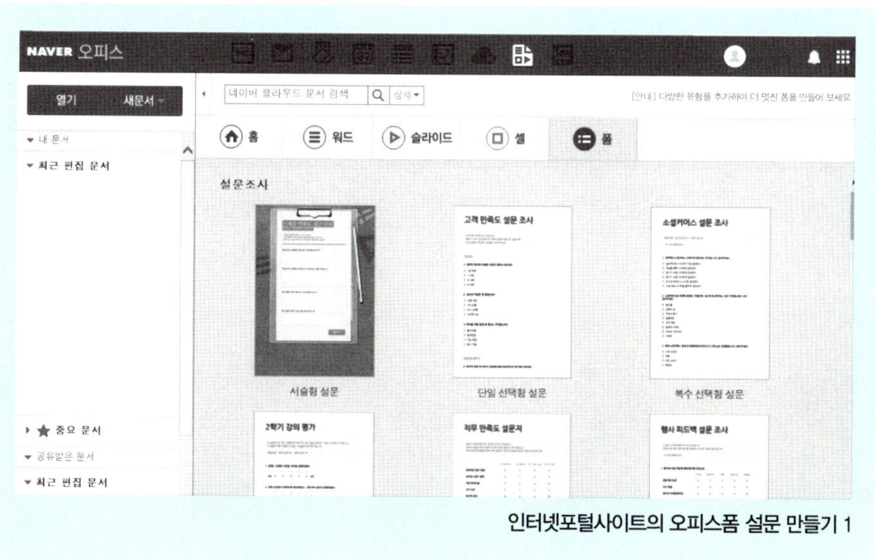

인터넷포털사이트의 오피스폼 설문 만들기 1

포털사이트를 활용해 설문지를 작성하고 결과를 분석하는 방법을 소개한다. 포털사이트에서 '○○○ 오피스폼'이라는 검색어를 입력해서 클릭하면 다음과 같은 화면으로 이동한다. 설문지를 작성하기 위해서는 ▲폼을 클릭한다.

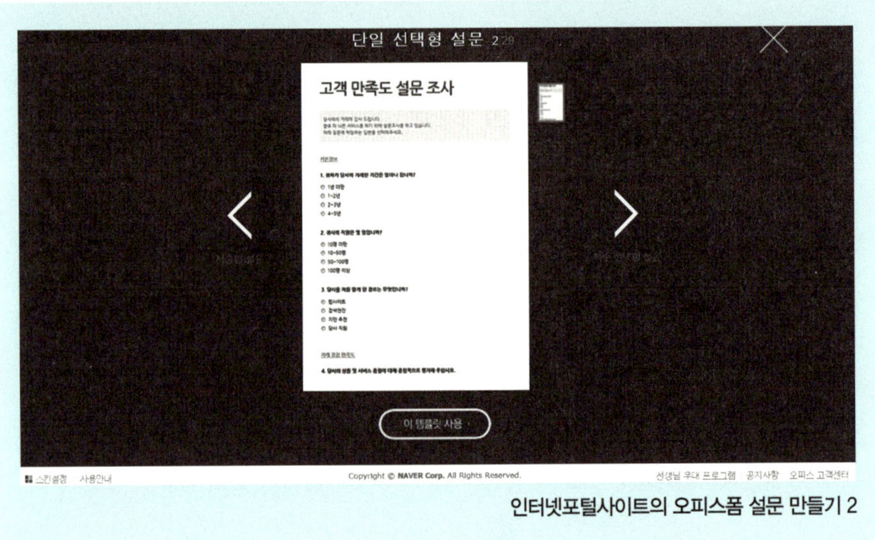

인터넷포털사이트의 오피스폼 설문 만들기 2

폼을 클릭하면 ▲서술형 설문 ▲단일 선택형 설문 ▲복수 선택형 설문 등 다양한 형태의 설문조사 폼이 나타난다. 단일 선택형 설문을 선택하면 다음과 같은 형태로 나타난다. '아! 이런 형태의 설문지를 작성할 수 있구나!' 하는 일종의 미리보기라고 생각하면

진짜 공신들만 보는 대표 소논문

된다. 이 설문지를 활용하고 싶다면 아래에 있는 '이 탬플릿 사용'
을 클릭하자.

바로 다음과 같이 문항별로 수정할 수 있는 화면으로 연결이 될
것이다. 자신에게 필요한 형태로 편집해서 사용하면 된다. 별다른
설명이 필요 없을 정도로 간단하다.

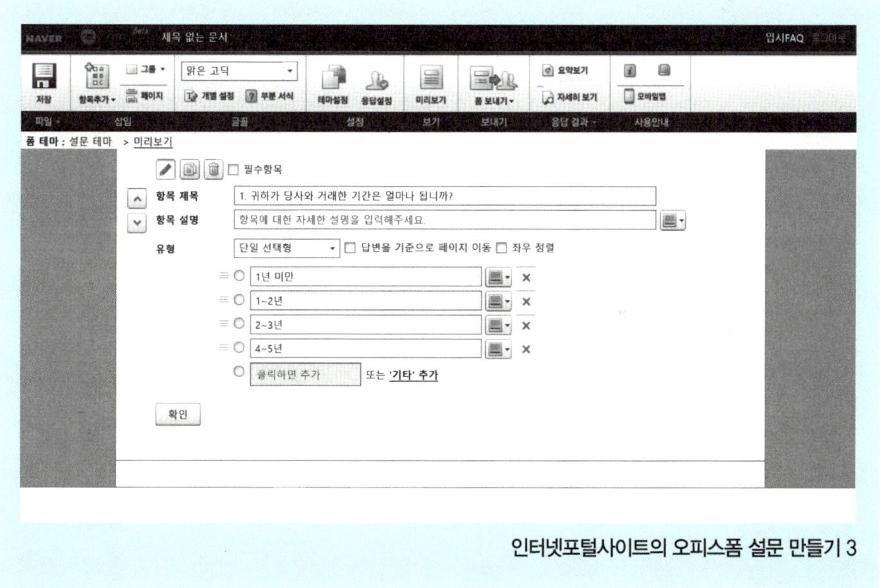

여기서 〈당신은 삐라에 대해 들어본 적이 있습니까?〉로 제목을

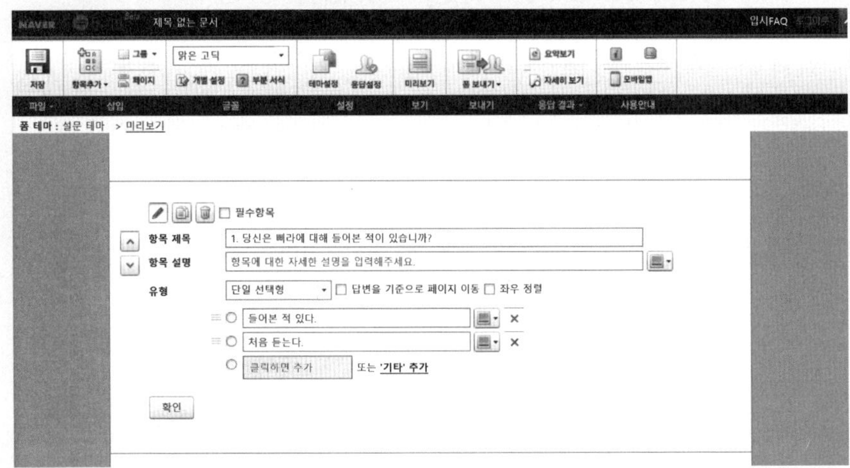

인터넷포털사이트의 오피스폼 설문 만들기 4

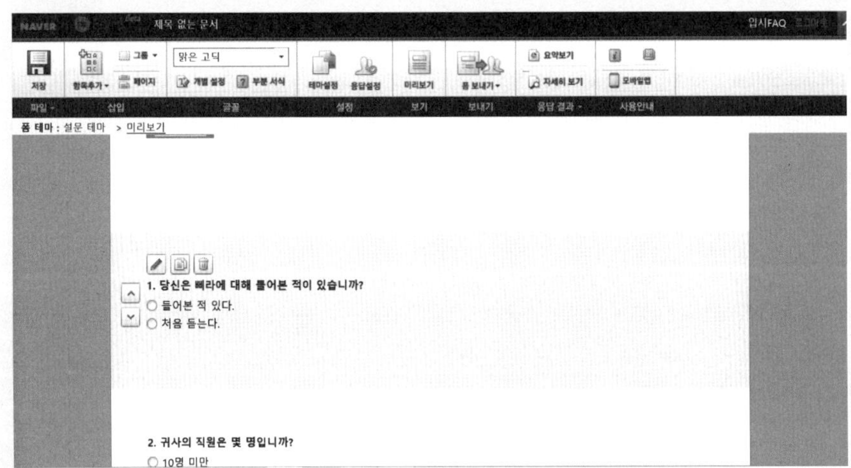

인터넷포털사이트의 오피스폼 설문 만들기 5

진짜 공신들만 보는 대표 소논문

바꾼 후 '들어본 적 있다'와 '처음 듣는다'의 2가지 선택지를 만들었다. 하단에 있는 확인 버튼을 클릭하면 '오피스폼 설문 만들기 5' 이미지로 나온다.

미리보기를 통해서 실제 설문지의 형태를 확인할 수 있다. 설문지 작성이 최종적으로 끝났다면 저장을 하면 된다. 저장 버튼은 페이지 하단에 있다('오피스폼 설문 만들기 6' 참조).

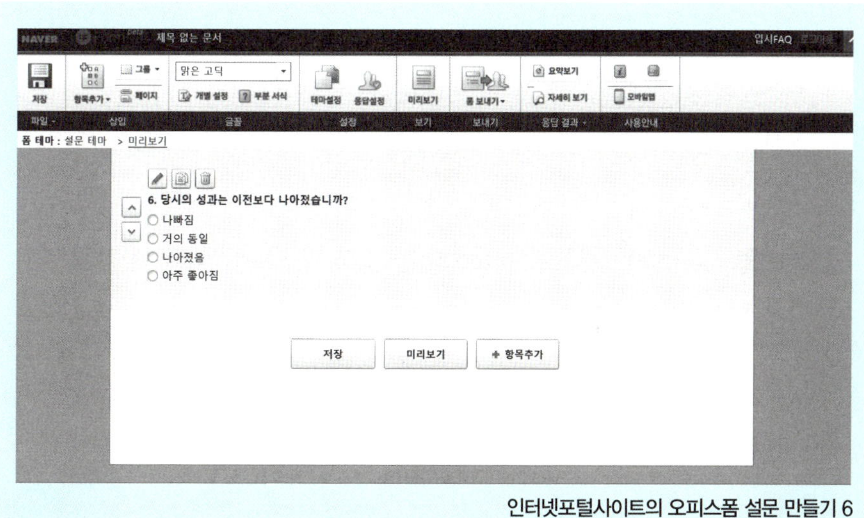

인터넷포털사이트의 오피스폼 설문 만들기 6

저장 버튼을 클릭하면 다음의 이미지처럼 팝업창이 뜬다. 확인 후 최종적으로 저장을 진행하면 된다.

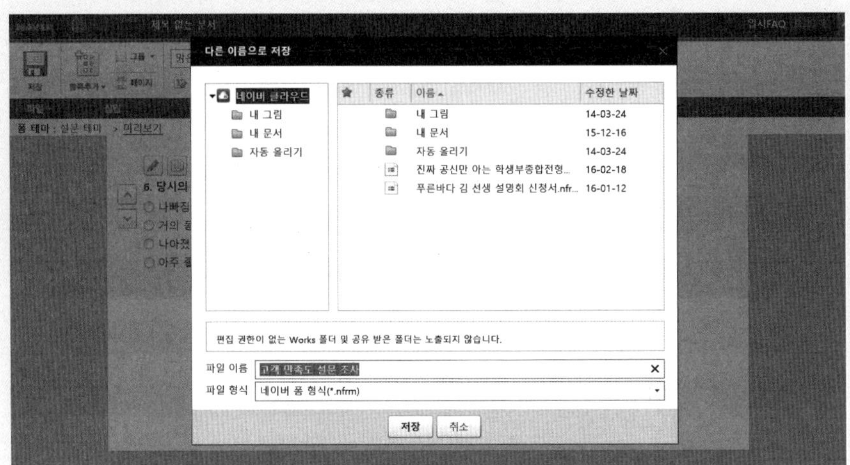

인터넷포털사이트의 오피스폼 설문 만들기 7

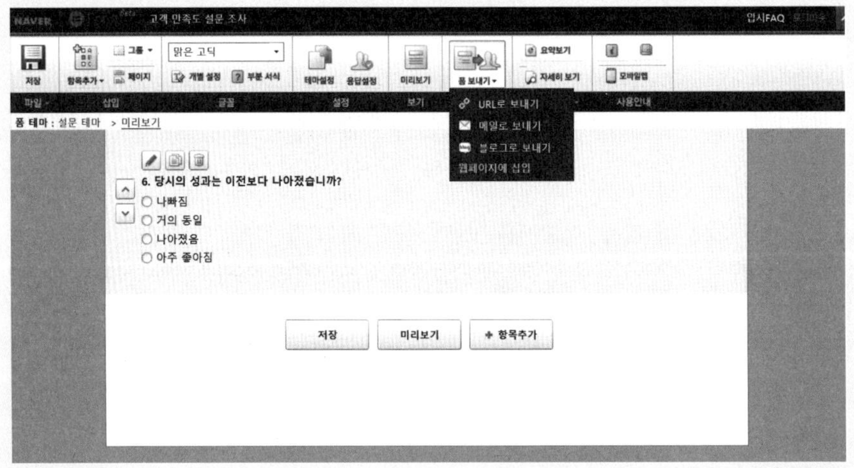

인터넷포털사이트의 오피스폼 설문 만들기 8

진짜 공신들만 보는 대표 소논문

설문지를 만들었으면 설문 대상자들에게 설문지를 보내야 한다. 오피스폼 상단에 있는 '보내기' 항목을 클릭하면 ▲URL로 보내기 ▲메일로 보내기 ▲블로그로 보내기 ▲웹페이지에 삽입이 나타난다. 이 중 본인에게 필요한 방법을 선택해 설문지를 발송하면 된다.

설문지를 발송하면 설문 대상자들이 설문지를 작성할 때까지 기다리자. 설문 대상자가 설문을 완료하면 작성자 이메일로 바로 통보가 온다. 폼 보내기 오른쪽 상단에 있는 '요약보기'를 활용하면 항목별 설문결과도 구체적으로 확인할 수 있다.

부록

소논문
사례

그럼에도 소논문이 어렵다면

이 책을 통해 그저 어렵게만 생각해왔던 소논문 쓰기가 알고 보니 그다지 어렵지 않다는 것을 느꼈으면 한다. 하지만 그럼에도 불구하고 소논문 어떻게 써야 할지 엄두를 못 내겠다는 학부모와 수험생이 있다면 가장 확실하면서도 고전적인 방법을 하나 소개할까 한다. 주요 언론사에서 신입 기자들을 훈련시키는 방법이기도 하다. 업계 용어로는 '도끼'라고 하는 방법이다.

나는 '도끼' 하면 '찍는다'는 단어가 바로 연상된다. 도끼는 나무를 찍어서 넘어뜨리는 도구이기 때문이다. 옛날에는 나무꾼이나 도끼를 사용했지만 현대사회에서는 누구나 다 앞에서 말한 도끼를 사용한다. 도끼는 바로 컴퓨터 자판을 찍는 행위라고 할 수 있다. 손가락으로 자판을 콕콕 찍는 모습이 마치 나무꾼이 도끼를 들고 나무를 찍는 것과 비슷하다고 생각해서 그렇게 이름 지은 것 같다.

쉽게 이야기하면 '베껴 쓰기'라고 할 수 있겠다. 웬만큼 규모가 되는 언론사에 입사한 초보 기자들이 매일 해야 하는 것이 바로 도끼이다. 선배 기자들이 쓴 기사와 칼럼 등을 워드프로그램을 활용하거나 아니면 원고지에 토씨 하나 마침표 하나 빼먹지 않고 베껴 써야 한다. 기자들은 어느 정도 레벨에 올라갈 때까지는 항상 도끼를 피할 수 없다. 10~20년 이상의 경력을 자랑하는 베테랑 기자들도 자진해서 도끼를 찍곤 한다.

처음에는 아주 비효율적이라고 생각했다. 그럴 때마다 선배들은 '묻지도 따지지도 말고 하라'고 했다. 하다 보면 어느 순간 느낄 거라면서 말이다.

그렇게 1년 정도 도끼를 찍었더니 글쓰기 실력이 몰라보게 늘었다는 것을 알게 되어 깜짝 놀랐다. 선배들이 쓴 좋은 기사와 칼럼 등을 1글자씩 옮기다 보니 어느새 나도 그런 글쓰기를 하게 된 것이다. 어려서부터 큰 바위 얼굴을 동경했고 닮기 위해 노력했는데 어느 순간 정말 그렇게 되더라는 이야기와 같은 맥락이다.

소논문도 마찬가지 방식으로 접근해보자. 부록으로 첨부하는 소논문은 총 2편이다. 1편은 서울 지역 모 자사고의 교내 소논문 대회에서 입상을 한 소논문이고, 다른 1편은 성균관대에 합격한 학생이 고교 시절에 쓴 소논문이다. 그냥 눈으로만 읽지 말고 눈으로는 읽고 손으로는 1글자 1글자 써내려 가보자. 그러면 한결 쉽게 소논문 쓰기에 다가갈 수 있을 것이다.

보는 것과 쓰는 것은 완전히 다른 결과물로 나타난다. 보는 것은 보는 것이 끝나는 순간 사라져버린다. 하지만 쓰는 것은 시간도 몇 배로 걸리고 귀찮고 때로는 힘들기도 하지만 얻는 것이 한두 개가 아니다.

첫째, 쓰다 보면 상대방의 논리적 생각의 전개과정을 직접적으로 따라가는 경험을 할 수 있다. 한 번이라도 직접 써본다면 이 같은 주장이 이해될 것이다. 읽을 때와는 전혀 다른 느낌이다. 눈으로 읽을 때는 몇 개 보이지 않던 영양분이 쓰면서는 아주 많이 나타날 것이다.

둘째, 쓰다 보면 형식에 익숙해진다. 앞에서 말한 도끼의 역할 중 하나도 기사 쓰기의 형식을 익숙하게 해준다는 데 있다.

본격적으로 소논문을 쓰기 전에 학교 선배들이 쓴 소논문이나 또는 소논문 대회를 통해 공개된 소논문을 1~3편 정도 손으로 써 보라고 추천한다. 아니, 반드시 그러길 바란다. 앞에서 말한 2가지 이유 외에도 또 다른 이유가 있기 때문이다. 바로 학생부에 남과 다른 기록을 남길 수 있어서이다.

보통은 '어떤 소논문을 언제, 어떻게, 왜 쓰게 되었고 이를 통해 어떤 유익한 점을 얻게 되었다'라는 식으로 쓰게 될 것이다. 하지만 도끼를 경험한 경우라면 '이 수험생은 어떤 주제에 관심이 많아 그 주제에 대한 소논문을 쓰기로 하고 선배들이 쓴 소논문 〈○○○〉과 〈○○○〉 그리고 〈○○○〉을 몇 주 동안 직접 손으로 원고지에 옮겨 쓰는 활동을 한 후 그 결과를 정리해 자신이 쓸 소논문 〈○○○〉에 반영해서 남과 다른 경험을 할 수 있었다'라고 쓸 수 있지 않을까?

　최근에는 소논문 열풍 때문에 부작용도 많이 생겼다. 명문 대학 진학을 위한 스펙의 하나로 생각하는 경우가 많다 보니 많은 대학들이 소논문이라는 결과보다는 소논문을 위한 과정에 초점을 맞추어 평가하겠다는 입장을 발표하기에 이르렀다. 즉 소논문도 자기주도성이 중요하다는 뜻이다. 이 책에서 지금까지 강조한 내용을 잘 참고해서 응용하다 보면 어느 순간 남과 다른 소논문이 완성되어 있을 것이라고 믿는다. 건투를 빈다.

신종 학교폭력에 대한 연구 및 대안 제시
카카오톡을 통한 신종 학교폭력에 대한 연구

○○○/○○○

※ 서울 모 자사고 소논문대회 수상작

목차

1. 서론

2. 탐구 동기

(가) 청소년들의 카카오톡 사용 실태

(나) '카카오톡 왕따'라는 신종 카카오톡(이하 카톡) 폭력에

　　대한 연구

(다) 청소년의 스마트폰 및 카카오톡 사용 특성 조사

3. 탐구 목적

(가) 청소년들의 카카오톡 사용 특성

(나) 카카오톡 사용과 학교폭력의 상관관계

4. 탐구 내용 및 방법

(가) 1단계: 청소년 스마트폰 사용 실태 조사

(나) 2단계: 카카오톡 학교폭력 사례 분석

(다) 3단계: 신종 학교폭력을 개선할 수 있는 현실적인 방안

연구

5. 탐구 내용

6. 결론

참고문헌

1. 서론

본 연구는 "신종 학교폭력"이 난무하는 가운데 특히 스마트폰 애플리케이션인 카카오톡을 활용한 은밀한 폭력이 청소년들 사이에서 심각한 문제로 야기되고 있다는 점에 주목하여, 연구를 시작하게 되었다. 휴대전화는 본래 전화나 문자 등 가족 또는 친구와 연락을 하기 위한 수단이었으나 현재는 스마트폰을 이용하는 청소년이 급격하게 증가함에 따라 "스마트폰"을 통한 부정적인 이슈들이 양산되고 있기 때문이다. 스마트폰은 기존의 미디어 기술을 차용하여 이종의 기술과 결합시킨 기기로 이동성이 편리하고, 연결성이 뛰어나고 개인화가 되어 있어 나만의 기기를 소유할 수 있게 해주었으며 이동성과 커뮤니케이션 기능이 연결되어 현실적 공간과 가상공간을 초월하는 혼종성(hybri:dity)을 가지게 되었다.[1]

스마트폰이 보급되기 이전에는 현실적인 공간에서만 이루어졌던 학교폭력이, 스마트폰이 가지는 연결성과 이동성 덕분에 학교

---

[1] 황주성 〈모바일 인터넷으로 인한 미디어 이용패턴 변화〉 정보통신정책연구원 p28-34, 2010

를 벗어나 현실뿐만 아니라 가상공간에서도 이루어지고 있는 것이다. 때문에 본 연구는 청소년의 스마트폰 사용 실태에 관해 집중적으로 조사하였고, 그 결과가 청소년들의 친한 친구, 가족, 부모님과의 관계는 물론 전반적인 인간관계에 어떠한 영향을 미치는지 연구하였다. 특히 카카오톡을 사용하면서 청소년들 사이의 인간관계에 미친 부정적인 영향에 관해서 조사하였으며, 카카오톡을 통해 폭력을 겪었던 경험에 대해서도 온라인 중앙리서치 사이트를 통해 익명으로 조사를 실시하였다.

　학교폭력은 이제 더 이상 개인의 문제가 아니라 사회문제로 대두되었으며, 학교폭력으로 인해 자살하는 청소년이 매년 늘어나고 있는 실정이다. 하지만 교육청이나 각 학교에서는 학교폭력 가해자에 대한 처벌이나 징계여부를 떠나, 학교폭력 사례가 외부에 알려지는 것을 꺼려 은폐하려는 등 악순환이 이어지고 있기도 하다. 심지어 얼마 전 서울 송파구의 한 중학교 앞에는 가해자를 대신해 보복을 해주겠다는 전단이 나돌아 경찰이 수사를 하기도 했다. A4용지로 된 전단에는 '학교폭력·왕따·괴롭힘'이라는 제목 아래 학교폭력과 관련한 신문 기사 2개가 인쇄돼 있었으며, 전단에는 "이젠 절대 혼자 고민하지 말고 전화 주세요! 저희가 함께하겠습니다."라는 글이 적혀 있었고 하단에는 마치 과외 전단처럼

한 장씩 뜯어갈 수 있게 연락처 메모지도 6개 남겨놓았다. 학교폭력으로 인해 고통받는 청소년들이 믿을 수 있는 기관이나 부모님, 학교의 도움이 아닌 불법 사설 업체로 내몰리게 된 것이다. 이처럼 학교폭력은 더 이상 학교에서 은폐하고, 청소년 개개인이 참는다고 해결될 문제가 아닌 것이다. 특히 청소년들의 스마트폰 사용 시간이 점점 늘어나면서 스마트폰을 통해 암묵적으로 이루어지는 신종 학교폭력에 대해 연구하고, 적절한 대안을 마련하고자 하는 것이 본 연구목적이자 출발이라고 할 수 있다.

2. 탐구 동기

본 연구는 본 연구팀은 청소년의 새로운 놀이 문화와 일상이 되어버린 카카오톡(스마트폰 애플리케이션) 사용에 대해 관심을 가지고, 10대 청소년들의 카카오톡 사용 실태와 '카카오톡 왕따'라는 신종 카카오톡(이하 카톡) 폭력에 대한 연구를 진행하고자 한다. 최근 새 학기를 맞아 청소년 사이에서 카카오톡을 이용한 신종 학교폭력이 일어나고 있으며, 이와 같은 카톡 폭력은 '반톡(반 학생들이 단체로 초대된 카카오톡)'과 '카톡멤놀(카카오톡 멤버놀이)' 등을 통해 유행처럼 번지고 있어 대책 마련이 시급하기 때문이다.[2] 반톡은 반 학생들이 이야기하는 공간으로 반 행사, 조별모임, 친목 등 여러 대화를 나눌 수 있다. 그러나 반톡에서 제외되는 학생은 소외감은 물론 따돌림까지 당할 수 있다. 실제로 카카오톡 왕따를 당한 여중생이 자살을 택하는 등의 비극적인 일이 일어나고 있으며, 학교폭력으로 인해 자살을 택하는 청소년이 끊임없이 증가함에 따라 이는 우리 사회의 심각한 문제로 대두되고 있다.

특히 학교폭력 수법이 날이 갈수록 진화하는 가운데 경찰이 최근 유행하고 있는 신종 학교폭력 유형을 소개하고 주의를 당부하기도 했다. 경찰청 공식블로그 "폴 인 러브(polinlove.tistory.com)"에 따르면 요즘 초·중·고교에서는 4가지 신종 학교폭력이 등장해 유행처럼 번지고 있다고 한다. 먼저 "와이파이(Wi-Fi) 셔틀"이다. "와이파이 셔틀"이란 학교폭력 가해학생이 피해학생에게 스마트폰 핫스팟을 공유하도록 강요해 유료 데이터서비스를 무료로 이용하는 행위다. "와이파이 셔틀"은 인터넷 국어사전에 "항상 핫스팟을 키도록 강요받는 아이. 핫스팟을 켜서 소위 일진이라는 아이들이 핫스팟 덕분에 무료로 와이파이를 사용할 수 있다"고 등재돼

------

2) Socialro 2012-10-29

있을 정도로 심각한 학교폭력 문제로 대두되고 있다. 다음은 "신발 셔틀"이다. 가해학생이 피해학생에게 인터넷으로 신발을 구매시키고 배송장소는 가해학생 집으로 주문하는 행위를 말한다. "셔틀(Shuttle)"의 사전적 의미는 "두 지역을 정기적으로 오가는 운송수단"을 뜻하지만 초·중·고교생 사이에서는 "힘센 학생들의 강요에 의해 심부름해 주는 것"이란 의미로 통용되고 있다. "살인축구"도 가해학생들 사이에서 유행 중이다. 축구를 빙자해 가해학생들이 피해학생 여러 명을 불러 모아 일렬로 축구 골대에 세워 놓고 슈팅을 날려 축구공으로 몸을 맞추는 것이다. 마지막으로 카카오톡 왕따를 말하는 "카따"가 있다. "카따"는 가해학생들이 카카오톡 채팅방이나 카카오스토리에 피해학생의 사진을 올리고 댓글로 욕이나 비방을 하며 이를 서로 공유하는 행위를 말한다. 경찰은 이 같은 신종 학교폭력 피해를 입은 학생은 '112'나 학교폭력 신고센터 '117'로 적극적인 신고를 해달라고 당부하기도 했다. 이처럼 학교폭력은 다양한 형태로 나타나고 있지만 그중에서도 가장 은밀하게 정신적인 고통을 주는 형태의 학교폭력은 스마트폰 사용과 관련이 되어 있다. "와이파이 셔틀"이나 "카따"와 같이 스마트폰을 사용하면서 이루어지는 청소년들 사이의 학교폭력이 바로 그것이다. 특히 카카오스토리는[3] 공개적으로 사진을 올리고 공유할 수 있기 때문에 피해학생의 정신적인 고통이나 피해는 굉장할 것으로 예상된다. 그러나 가장 문제인 것은 경찰과 학교 측에서 상담전화를 통해 신고해 달라는 수동적인 태도로 일관할 뿐, 적극적이고 근본적으로 학교폭력 문제를 해결하고자 하는 의지가 없다는 점이다.

따라서 본 연구팀은 청소년의 스마트폰 및 카카오톡 사용 특성을 조사하고, 카카오톡을 통한 신종 학교폭력에 대한 실태와 그 개선방안을 제시하고자 한다. 한국청소년정책연구원에 따르면 청소년 10명 중 6명이 하루 평균 2시간 이상 카카오톡을 이용하는 것으로 집계됐으며, 전국 고교생과 대학생을 대상으로 소셜미디어 이용시간을 조사한 결과 전체 응답자 4,876명 가운데 75퍼센트가 매일 카카오톡을 사용한다고 응답했다.[4] 이처럼 청소년의 카카오톡 사용은 다른 소셜미디어에 비해 상당히 높은 비율을 차지하며, 청소년들의 일상에 깊이 자리 잡았다. 때문에 본 연구팀은 청소년 스마트폰 사용 실태와 카카오톡 사용 특성을 집중 조사하

---

3) 카카오스토리(Kakao Story)는 (주)카카오가 2012년 4월 1일 서비스를 시작한 사진 공유 기반 SNS이다. 현재 스마트폰 사용자를 대상으로 Freeware로 제공된다. 안드로이드 모바일장치 사용자는 구글플레이어에서, 애플의 모바일장치 사용자는 애플앱스토어에서 다운로드받을 수 있다.

4) 국제신문 2013-04-02

여 청소년들에게 카카오톡이 갖는 의미와 영향력을 파악하고, 그 결과를 바탕으로 카카오톡을 이용한 학교폭력의 원인과 사례에 대한 연구를 통해 변화를 이끌어 낼 수 있는 실용적인 대안을 연구해 보고자 한다.

3. 탐구 목적

본 연구팀은 스마트폰 사용의 대중화와 카카오톡 애플리케이션의 서비스 특성을 파악하여 청소년들에게 카카오톡이 갖는 의미와 영향력에 대해 집중하고자 한다. 특히 청소년에게 일상으로 자리 잡은 카카오톡 사용 실태와 카카오톡을 활용한 신종 학교폭력에 대해 분석하여 개선 가능한 대안을 제시하고자 한다. 카카오톡, 마이피플, 라인과 같은 메신저서비스의 경우, 유료로만 지원했던 메시지서비스가 무료메시지 애플리케이션서비스로 제공됨에 따라 메시지 사용이 급증하고 있으며, 인간관계 소통을 활성화시키고 있다. 이러한 소셜애플리케이션은 단순히 서로 정보를 주고받는 메시지의 기능을 넘어서서 인간관계를 형성하고, 소통하는 데 중요하게 작용하고 있다는 것을 알 수 있다. 그러나 또래집단의 영향력이 큰 청소년 사이에서 카카오톡은 순기능과 역기능을 동시에 갖는다. 카카오톡을 활용한 신종 카톡 폭력이 바로 그것이다.

현재 언론과 청소년 대상 카카오톡 폭력 조사를 통해 알려진 바는 다음과 같다. 청소년들 사이에서 카톡을 이용해 특정 학생을 괴롭히는 방식은 크게 4가지로 나눌 수 있다. 첫 번째는 피해학생을 카톡방으로 초대한 뒤 여러 사람이 무조건 무시하는 방식이다. 피해학생이 건네는 말에는 아무도 대답하지 않다가 다른 학생이 말을 걸면 열광하듯 대답을 해줌으로써 "너는 왕따다."라고 각인시키는 것이다. 두 번째는 피해학생을 카톡방으로 초대해 단체로 욕설을 퍼붓거나 굴욕적인 사진을 공개하는 것으로, 가장 전형적인 방식이다. 온라인상에서 무차별적으로 가해지는 욕설과 비난은 피해학생에게 심각한 정신적 고통을 줄 수 있음에도 불구하고, 면대면이 아닌 점을 악용하여 이와 같은 언어폭력은 더욱 심각한 수준으로 일어나고 있다. 세 번째는 피해학생을 카톡방으로 초대한 뒤 한꺼번에 나가버려 피해학생만 카톡방에 남게 하는 방식이다. 반대로 피해학생이 카톡방에서 빠져나갈 수 없도록 계속해서 '초대하기'를 해 괴롭히는 방법도 많이 이용된다. 일명 "카톡 감옥"을 만들어 괴롭히는 것이다. 네 번째는 80~100여 명의 학생이 카톡방에 있다가 한 학생을 방으로 초대한 뒤 의미 없는 말을 던지며 휴대전화를 마비시키는 방식이다.[5] 주로 오래된 휴대전화를 쓰는 청소년들이 공격 대상이 된다. 뿐만 아니라 학교폭력이 심각한 사회문제로 대두되면서 교실에서의 폭력 대신 카톡방을 이용한 은밀한 카톡 폭력이 또 다른 하나의 방법으로 등장하게 되었다.

따라서 이 연구에서는 청소년들의 카카오톡 사용 특성을 밝히는 동시에 설문조사를 통해 카카오톡 사용과 학교폭력의 상관관계를 살펴보고자 한다. 이에 본 연구의 세부 목표는 다음과 같다.

첫째, 청소년들의 스마트폰 사용 실태를 설문조사를 통해 분석하고, 카카오톡 사용 특성을 조사하고자 한다.

둘째, 청소년들의 카카오톡 사용 패턴과 신종 학교폭력의 상관관계를 파악하고, 폭력 사례를 4가지 유형으로 나누어 분석하고자 한다.

셋째, 청소년들의 카카오톡 신종 학교폭력의 원인과 사례 분석을 통하여 개선 가능한 대안을 제시하고자 한다.

---

5) 경향신문 2012-08-19

4. 탐구 내용 및 방법

카카오톡 같은 모바일메신저를 이용한 학교폭력이 급속히 퍼지면서 올해 들어 서울에서 사이버모욕 등 무형의 학교폭력으로 검거된 가해학생이 7배 가까이 증가한 것으로 나타났다. 서울지방경찰청이 발표한 학교폭력 검거현황에 따르면 올해 들어 5월까지 학교폭력으로 검거된 가해학생은 973명으로 지난해 1,733명보다 44퍼센트 감소했다. 검거유형으로 보면 단순폭력은 지난해 1,046명에서 562명으로 46.3퍼센트 줄어든 반면 사이버모욕 등 무형의 폭력은 같은 기간 12명에서 91명으로 658퍼센트나 급증했다. 형사 입건된 검거인원 수가 줄어든 것은 경찰이 학교폭력 내용과 피의자별 맞춤형 처리를 통해 훈방 등 불입건 수가 지난해보다 49.1퍼센트 증가했기 때문이다. 그럼에도 무형적 폭력 사범이 크게 증가한 이유에 대해 서울경찰청 생활질서과 고평기 경정은 "학생들의 스마트폰 사용이 보편화되면서 신종 카카오톡 왕따 같은 모바일메신저 학교폭력이 크게 늘고 있기 때문"이라고 설명했다. 청소년 스마트폰 사용 실태를 분석해 보면, 사용 빈도가 가장 높은 서비스는 카카오톡이나 틱톡 같은 문자메시지서비스이다. 전체 학생 중 98퍼센트가 이 서비스를 이용한다고 대답했다. 실질적으로 스마트폰을 보유하고 있는 학생들은 자동적으로 이 서비스를 사용하고 있다고 볼 수 있다. 이와 함께 학생들에게는 음악, 게임, 영상 관련 서비스의 인기도 매우 높다. 게임은 90.4퍼센트가, 음악은 94.9퍼센트, 영상은 91.4퍼센트가 관련 서비스를 이용하고 있다고 응답했다. 그리고 정보 검색 기능을 이용한다고 응답한 학생은 84.3퍼센트이며 SNS서비스는 61.4퍼센트 메신저 기능은 67.5퍼센트이다.[6] 이처럼 청소년의 스마트폰 사용 실태에서, 카카오톡 사용이 가장 높은 빈도를 차지하면서 이와 관련한 신종 학교폭력 증가는 117학교폭력 신고센터에 접수된 신고건수에서도 확인된다. 올해 들어 5월까지 신고된 학교폭력 4,585건(총 7,364건 중 교사 관련, 법률 상담 제외) 가운데 신고 유형은 '폭행'이 42.9퍼센트(1,969건)로 가장 많았다. 이어 사이버 학교폭력의 증가로 '모욕'이 32퍼센트(1,469건)를 차지하며 신고건수 2위에 올랐고 '따돌림' 8.7퍼센트(397건), 협박 7퍼센트(319건), 공갈 5.8퍼센트(268건), 성폭력 2퍼센트(93건), 강요 1.5퍼센트(70건)순이었다. 한편 서울 시내 학생과 교사 10명 중 7명가량은 '학교전담경찰관' 제도가 학교폭력을

------

6) 신향숙 〈청소년 스마트폰 메시지서비스 사용 실태와 인간관계에 미치는 영향에 관한 연구〉, 2012

예방하는 데 도움이 되는 것으로 생각하고 있는 것으로 나타났다. 서울지방경찰청에 따르면 서울시교육청이 최근 서울 시내 학생과 교사 5,845명을 대상으로 실시한 '학교전담경찰관 만족도' 설문조사에서 전체적인 만족도는 '매우 도움' 44.5퍼센트, '조금 도움' 25.9퍼센트로 조사됐다. '학교폭력예방 교육 및 범죄예방활동에 도움이 되느냐'는 질문에는 2,526명(43.2퍼센트)이 '매우 도움', 1,608명(27.5퍼센트)이 '조금 도움'으로 70퍼센트 이상이 만족한다고 답했다. '학교폭력 해결을 위한 상담이나 도움' 여부에 대해서도 2,212명(38.5퍼센트)이 '매우 도움', 1,452명(25.2퍼센트)는 '조금 도움'이라고 답해 긍정적인 반응이 더 많았다. 서울경찰청은 지난 2월 20일부터 학교전담경찰관을 기존 62명에서 211명으로 증원해 3~4개 중·고등학교마다 1명씩 배치했다. 경찰 관계자는 "현재 92개인 학교전담경찰관 전용 상담실을 298개로 확대키로 하는 등 학교전담경찰관의 현장중심 치안활동을 강화할 예정"이라고 말했다.[7] 이처럼 현재 청소년들이 스마트폰을 활용한 "카카오톡" 윙따, 빈따, 가따 등 다양한 형태의 학교폭력에 물들고 있으며, 그 수치도 점점 증감하고 있다. 때문에 본 연구는 청소년의 스마트폰

---

7) 뉴스1 2013-06-07

진짜 공신들만 보는 대표 소논문

사용실태부터 카카오톡 학교폭력의 실례, 신종 학교폭력을 개선할 수 있는 대안까지 연구해 보고자 한다.

　본 연구팀은 다음의 3단계로 '청소년 카카오톡 사용 실태 분석과 신종 학교폭력에 대한 연구'를 진행하고자 한다.

〈1단계〉

　설문조사를 통해 청소년 스마트폰 사용 실태를 조사하고, 카카오톡 사용 특성을 분석하여 청소년들에게 카카오톡이 갖는 의미와 영향력을 살펴보고자 한다. 스마트폰 애플리케이션 중 가장 많이 사용하는 서비스, 카카오톡 사용 시간, 카카오톡으로 주고받는 메시지의 내용, 카카오톡으로 대화를 나누는 대상에 대한 설문조사 항목을 만들고 이에 대한 청소년들의 현실적, 심리적 분석을 통해 세부 결과를 도출하고자 한다. 설문조사 항목은 선행 조사 연구자료와 설문조사 작성법을 토대로 작성하고자 한다. 뿐만 아니라 스마트폰 사용 실태와 카카오톡에 관련된 조사 자료, 신문 기사 등을 모두 활용할 계획이다. 또한 청소년 학교폭력과 관련된 자료, 신문 기사 등도 설문지를 작성하는 데 기본 바탕이 될 것이다.

〈2단계〉

설문조사 이후에는 자체적인 분석을 통해 수치를 구체적으로 파악할 예정이며, 개방형 응답을 통한 카카오톡 학교폭력 사례 분석을 통해 청소년 카카오톡 신종 학교폭력의 경험과 원인, 사례를 조사하고 이를 통해 카카오톡 신종 학교폭력에 대한 개선방안과 대안을 찾고자 한다. 카카오톡 신종 학교폭력의 주요 유형, 카카오톡을 통해 비난이나 욕설을 주고받은 경험, 카카오톡 폭력을 당했던 경험, 카카오톡 폭력에 대한 자유로운 해결방안 등에 대한 설문조사를 실시하여 문제와 해결점을 찾고자 한다.

〈3단계〉

사이버폭력에 관련된 이론 및 인터넷 검색, 전문가 의견 등을 통해 카카오톡을 활용한 학교폭력 상담 사례를 찾아보고, 신종 학교폭력에 대응할 수 있는 대안을 찾아본다. 카카오톡 청소년 욕설 금지와 같은 시스템적인 노력뿐만 아니라 신종 학교폭력을 개선할 수 있는 현실적인 방안을 연구해 보고자 한다.

5. 탐구 내용

본 연구팀은 카카오톡 학교폭력에 대한 주제의 민감성을 고려하여 온라인설문과 오프라인설문을 동시에 진행하였다. 온라인설문은 리서치중앙[8] 온라인설문서비스를 활용하여 설문지를 제작하였으며, 응답에 관한 자체 분석 결과를 토대로 탐구 결과 보고서를 작성할 예정이다. 오프라인설문지는 온라인설문지를 기반으로 동일하게 작성하였으며, 이대부고 학생들을 대상으로 오프라인설문을 실시하였다. 2013년 5월부터 6월까지 중학교, 고등학교 각각 150명의 학생을 대상으로 온라인과 오프라인설문조사를 실시하였으며, 온라인과 오프라인 조사 비율은 50대 50으로 설정하였다(온라인 75명, 오프라인 75명/ 각 학교당).

조사방법론 중 설문조사방법은 질문내용의 "객관성"과 응답 대상자의 "응답률"이 관건이기 때문에 설문지는 설문지 작성법에 의거하여 작성하였다. 질문 형식은 등급형(자주 있다 - 가끔 있다 - 전혀 없다) 양식의 선다형으로 결정하였으며, 마지막 응답에는 개방형

---

8) 온라인설문 실시 http://research.joongang.com/survey.php?act=v&id=13-11-528

식을 추가했다. 특히 대답을 유도하는 질문이나, 중복되는 질문, 지나치게 구체적인 답변을 원하는 질문은 팀원들 간의 토의를 통하여 제거하였다. 또한 설문 문항을 배열할 때도 설문의 의도와 내용이 무엇인지 전달하고, 응답자의 기본적인 인적사항을 먼저 배열하였다. 뿐만 아니라 응답률을 높이기 위해 어렵고 지루한 질문은 설문의 가운데 부분에 배열하였으며, 질문이 심각하거나 민감할수록 뒷부분에 배열하였다. 이는 심각한 질문에 대한 응답이 뒤에 이어지는 질문과 응답에도 영향을 미칠 수 있기 때문이다. 응답 항목에 있어서도 선택의 폭을 넓혀 가능한 응답을 모두 제시했으며, 응답 항목들 간의 중복을 제거했다.

본 연구팀은 2013년 5월부터 6월까지 서울시 중학교, 고등학교 각각 한 곳을 대상으로 설문조사를 펼친 결과 다음과 같은 결론을 얻었다. 첫째, 청소년 스마트폰 사용 실태에 대한 조사에서 '스마트폰으로 가장 많이 사용하는 서비스는 무엇입니까?'라는 질문에 키키오톡이리고 답한 응답자는 73명, 70퍼센트로 1위를 차지했으며, 다음으로는 인터넷(11명, 10퍼센트), 음악감상(9명, 9퍼센트), 페이스북(5명, 5퍼센트)순으로 청소년들 사이에서 스마트폰으로 가장 많이 사용하는 서비스는 카카오톡이 압도적이라고 할 수 있다. 카카오톡은 그만큼 청소년들 사이에서 커뮤니케이션 수단이자, 하나의 놀이 문화로 자리 잡은 것이다. 특히 카카오톡은 상대방이 메시지를 수신했는지 안 했는지 여부를 바로바로 확인할 수 있다. 이 같은 즉시성 때문에 매력적인 스마트폰을 하루에 몇 시간 정도 사용하느냐는 질문에는 2시간~3시간(39명, 37퍼센트)이 가장 많았으며, 3시간~5시간(27명, 26퍼센트), 1시간~2시간(15명, 14퍼센트)순으로 하루 평균 2시간 30분 정도 스마트폰을 사용하는 것을 알 수 있다. 뿐만 아니라 하루 5시간 이상 사용하는 인원도 12명, 11퍼센트로 1시간 이하(8명, 8퍼센트)보다 높은 기록을 나타냄을 알 수 있다. 스마트폰이 청소년들의 삶에 일부가 되었다는 것을 반증하는 결과라고 할 수 있겠다. 스마트폰 중독에 관한 문제는 성인들 사이에서도 문제로 대두되고 있는데, 청소년들 사이에서 또한 스마트폰 중독에 관한 문제를 간과할 수 없다. 또한 스마트폰을 주로 사용하는 장소에 대한 질문에 응답자의 77퍼센트가 집에서 사용한다고 밝혔으며, 다음으로는 학교(9명, 9퍼센트), 대중교통 이동 시(8명, 8퍼센트)가 뒤를 이었다. 특히 카카오톡 신종 학교폭력인 반톡 왕따, 은따 등에 대해 보다 자세히 알아보기 위해 실시된 설문에서는 다음과 같은 결과가 도출되었다. 카카오톡으로 친구들과 그룹채팅서비스를 사용하고 있느냐는 질문에 자주 사용하는 편이라는 응답이 86명, 82퍼센트로 가장 많았으며, 그다음은 가끔 사용한다(11명, 10퍼센트), 거의 사용하지 않는다(4명, 4퍼센트)로 카카오톡서비스를 이용하는 대부분 학생들이 그룹채팅을 사용하고 있다는 것을 알 수 있다. 이러한 카카오톡 사용 실태와 인간관계에 대한 분석을 심화하고자, 카카오톡을 가장 많이 주고받는 대상에 대한 설문에서는 친한 친구라는 응답이 70명, 67퍼센트로 가장 높았으며, 다음으로는 같은 반 친구(17명, 16퍼센트), 이성 친구(12명, 11퍼센트)로 주로 친구들과 카카오톡서비스를 이용하는 것을 알 수 있다. 뿐만 아니라 카카오톡 단체 카톡, 반 톡에서 소외감을 느껴본 경험이 있느냐는 질문에 응답자의 26명, 25퍼센트가 가끔 있다고 응답했으며, 친구에게 카카오톡을 보낼 때 욕설을 함께 보낸 경험이 있느냐는 설문에는 응답자의 35퍼센트가 자주 있다고 응답하였고, 응답자의 33퍼센트는 가끔 있다고 응답하여 카카오톡을 사용하면서 욕설을 사용하는 사례가 존재하는 것으로 확인되었다. 특히 카카오톡으로 기분 나쁜 내용의 문자를 받았던 적이 있나고 응답한 응납자는 31명, 30퍼센트로 카카오톡을 통해 불쾌한 문자를 받았던 경험이 있는 학생이 존재하는 것을 알 수 있다. 또한 카카오톡을 통한 언어폭력, 학교폭력을 경험한 적이 있느냐는 질문에는 단 6명만이 있다고 응답하였으며, 이 중 1명은 자주 있다고 밝혀 청소년들 사이에서 실제로 카카오톡을 통한 폭력이 존재함을 알 수 있다. 폭력의 종류에 대해서는 비난이나 욕설이 10명, 10퍼센트로 가장 많았으며, 멤놀이(2명, 2퍼센트), 단체톡 왕따, 카카오톡 선물하기 강요 등 두 항목에서 1명씩 폭력에 대한 경험이 있다는 것을 알 수 있다. 그러나 이러한 카카오톡 폭력에 노출되어 있는 청소년들이 정작 카카오톡을 통한 학교폭력 상담이 가능하다는 것을 모르는 경우가 많았다. 금번 설문을 통해 카카오톡을 통한 학교폭력 상담이 가능하다는 것을 알고 있었냐는 질문에 응답자의 83퍼센트가 몰랐다고 답했고, 들어본 적 있다고 응답한 사람은 11명, 10퍼센트에 불과했다. 만약 카카오톡 상담서비스(이성문제, 학교폭력, 학업 등)가 존재한다면 이용하실 의향이 있는지 묻는 질문에는 응답자의 54퍼센트가 가끔 이용할 것 같다고 응답하였으며, 거의 이용하지 않을 것이다(31명, 30퍼센트), 자주 이용할 것 같다(13명, 12퍼센트)로 카카오톡 상담서비스를 이용할 의향이 있는 학생들이 존재하는 것을 알 수 있다.

6. 결론

첫째, 청소년이 가장 많이 사용하는 스마트폰 애플리케이션은 카카오톡서비스이다. 특히 방과 후 학원, 과외 활동 등으로 바쁜 청소년들 사이에서 카카오톡은 인간관계를 형성하고 유지하는 수단이자 하나의 문화 그리고 일상으로 자리 잡았다. 설문조사에서도 알 수 있듯이 청소년 스마트폰 사용 실태 분석 시, 청소년이 가장 많이 사용하는 스마트폰서비스는 카카오톡임을 알 수 있다.

둘째, 이러한 청소년의 카카오톡 사용은 인간관계에서 '소통'이라는 순기능뿐만 아니라 '왕따'라는 역기능도 존재하고 있다. 카카오톡 사용 시간이 증가하고, 학교에서 생활하는 시간 외에는 학원과 집에서 친구들과 소통할 수 있는 수단이 카카오톡이기 때문에 카카오톡을 통한 학교폭력이 증가하고 있는 것이다. 이처럼 카카오톡을 통한 신종 학교폭력이 급속히 증가하면서 카카오톡이 학교폭력에 영향을 미친다고 생각하는 청소년이 많은 것으로 조사되었다. 뿐만 아니라 실제로 카카오톡 그룹채팅을 통해 욕설과 비난 등 언어폭력을 휘두르거나, 왕따, 은따, 멤놀이 등 다양한 방식의 카카오톡 학교폭력이 난무하고 있는 것으로 조사되었다. 이에 여성가족부는 작년 "청소년정책관계기관협의회"에서 SNS 플랫

진짜 공신들만 보는 대표 소논문

폼의 욕설 및 비속어 필터링 기능에 대한 협의를 하기도 했다. 특히 본 필터링 기능은 청소년 사이버 왕따를 방지하기 위한 것으로, 카카오톡 등의 서비스 업체에는 그룹 대화방이나 SNS에서 청소년들이 욕설이나 비속어 등을 사용할 경우 이를 차단할 수 있는 프로그램을 개발해 설치하는 것이 의무화될 전망이다. 또한, 상대방이 욕설이나 비속어를 할 경우 이를 스팸처리할 수 있는 무료스팸서비스를 설치하는 방안도 추진될 예정이다. 이는 현존하는 카카오톡 학교폭력 문제에 대한 긍정적인 대안이라고 볼 수 있겠다. 그러나 실질적으로 시행될 수 있을지는 그 기간과 시행에 관한 문제가 존재하기 때문에 적극적인 대안이라고 보기에는 힘들다. 또한 충북 진천경찰서는 카카오톡 학교폭력 문제에 대한 적극적인 대응이 모범 사례로 꼽히고 있기도 하다. 바로 생활안전교통과 김소정(35, 여) 경사의 '청소년과 카카오톡 친구 맺기 운동' 덕분이다. 김 경사가 카카오톡으로 친구를 맺은 학생은 400여 명이기 때문이다. 그가 학생들과 친구 맺기에 나선 것은 학교폭력 관련 업무를 맡은 지난 3월부터다. "학교폭력 관련 업무를 맡고 나서 학생들이 어른들에게 좀처럼 속에 있는 말을 하지 않는 것을 알았다"며 "학생들과 더 솔직하게 만나기 위해 '카톡' 친구 맺기를 시작했다"고 설명했다. 그는 학교폭력 예방교육을 위해 학교를 방문할 때마다 학생들과 전화번호를 주고받았다. 그리고 교사들로부터 학교 폭력 가해·피해학생의 명단과 전화번호를 받아 학생들에게 카카오톡 친구 맺기를 요청했다. "학생들이 처음에는 어려워하지만 여러 번 카톡 대화를 나누다 보면 거리낌 없이 말을 건넨다."며 "몇몇 학생들은 시시콜콜한 얘기까지 할 정도로 자연스러워져 이제 '왕따' 등 그들만의 비밀스러운 일도 조금씩 털어놓는다."고 말했다. 그는 문제가 있는 학생과는 직접 만나 상담도 한다고 한다. 그는 "지난 4월 카톡으로 대화하던 중 한 중학생이 자신과 사이가 좋지 않은 친구와 싸우려는 듯한 태도를 보였다"며 "카톡으로 설득이 되지 않아 직접 만나 상담을 해 불미스러운 일을 막았다"고 기억했다. 상담 학생 가운데 안타까운 사례도 있다. "편모슬하에서 생활하며 학교폭력으로 출석 정지를 받은 뒤 학교에 복귀하지 않는 한 중학생을 카톡으로 알게 돼 자주 대화하고, 몇 차례 만나 식사도 했지만 아직 마음을 열지 않고 있다."고 아쉬워했다. 그는 최근 색다른 학교폭력 예방 프로그램을 운영하고 있다. 학교폭력에 쉽게 노출될 수 있는 장애 학생들만을 위한 범죄예방교실이다. 진천군 내 중·고등학교 15곳에 있는 특수학급 학생을 대상으로 일주일에 3~4회씩 이 교실을 열어 피해를 봤을 때의 대처 요령 등을 집중적으로 교육하고 있다. 김 경사는 "아직은 학생들의 상황을 아주 조금씩 알아가는 단계에 불과하다”며 “앞으로 학생들의 눈높이에 맞는 학교폭력 예방활동으로 학생들이 더 밝은 환경에서 자랄 수 있도록 힘을 보탤 것”이라고 힘주어 말했다.[9] 본 사례는 앞으로 전국적으로 각 학교에서 시행되면 좋을 만한 학교폭력 상담 사례라고 할 수 있다.

셋째, 카카오톡 왕따 문제 때문에 자살을 택한 여중생이 있을 만큼 카카오톡 폭력은 심각한 수준이다. 하여 부산 서부의 경찰서에서는 카카오톡을 활용한 상담센터를 운영 중이며, 카카오톡과 카카오스토리를 통해 학교폭력을 전문적으로 상담해 주고 있다. 관내 4,600명의 청소년이 친구를 맺어 학교폭력, 이성, 부모님, 자살 문제를 활발하게 상담받고 있다. 이처럼 앞으로 각 학교에서는 카카오톡 상담서비스 운영을 의무화하여 카카오톡 학교폭력에서 청소년을 보호해야 할 것이다. 그러나 학교 내부 인사의 경우, 학생들이 마음 놓고 학교에서 일어나는 일을 말하지 못하는 경우가 많기 때문에 청소년 상담을 공부하는 대학원(생)들을 대상으로 카카오톡 계정 운영을 학교별로 맡겨 청소년들의 학교폭력 문제는 물론 진로, 학업, 가족 문제 등 다양한 부문을 상담해 줄 수 있다면

---

9) 연합뉴스 2013-06-23

보다 적극적인 해결방안이 될 수 있을 것이다.

넷째, 최근 한국인터넷진흥원(KISA 원장 이기주)은 모바일메신저 카카오톡과 손잡고 사이버 언어폭력, 집단 따돌림 등을 예방하기 위한 "사이버폭력 없는 행복한 학교 만들기" 캠페인을 실시한다고 밝히기도 했다. 이번 캠페인은 청소년들의 중요한 의사소통 도구인 카톡의 "아름다운 인터넷세상" 플러스친구 맺기를 통해 정기적으로 사이버폭력 예방을 위한 캠페인메시지 및 이벤트 등 다양한 콘텐츠를 연중 발송하는 형태로 진행된다고 한다. 더불어 6월 정보문화의 달과 "아름다운 인터넷 세상 주간(10일~15일)"을 맞아 이동통신 3사의 협조를 얻어 플러스친구 "아름다운 인터넷 세상"과 친구를 맺은 후 "사이버폭력 없는 학교 만들기"에 참여한 사람들을 대상으로 데이터 500MB(KT는 1만 알)를 제공하는 이벤트도 30일까지 실시한다. 황성원 KISA 인터넷문화진흥단장은 "이번 캠페인을 통해 청소년들이 모바일메신저로 건전하고 올바른 정보를 유통하고, 스스로의 다짐을 통해 사이버폭력이 없는 학교생활을 할 수 있길 바란다."며 "앞으로도 KISA는 정부 각 부처들과의 협력을 통해 다양한 캠페인을 펼쳐 나갈 것"이라고 밝혔다.[10] 이처

---

10) 아이티투데이 2013-06-07

럼 앞으로 사회 각 기관들의 협업과 교내 교육을 통해 스마트폰을 통한, 혹은 카카오톡서비스를 통한 학교폭력을 줄일 수 있도록 신경 써야 할 것이다. 그러나 실질적으로 이러한 행사와 데이터 선물을 통한 카카오톡 친구 맺기는 일회성 이벤트에 그칠 확률이 높다. 또한 지역별로 자체적으로 운영되고 있는 상담센터는 상담사 관리나 시스템적인 문제에 있어서 단기적으로 진행될 가능성이 크다. 때문에 우리는 보다 장기적인 관점에서 학교폭력 문제를 근본적으로 해결할 수 있어야 한다. 청소년들은 지속적으로 마음을 터놓고, 학교폭력에 대해서 상담할 수 있는 창구가 필요하기 때문이다. 뿐만 아니라 지역별로 분산되어 학교폭력을 해결하기 위해 노력하기보다는 "학교폭력 근절 대책 117"을 활용해 전국적인 학교폭력 문제를 하나의 채널에서 해결할 필요가 있다.

참고문헌

- 신향숙 〈청소년 스마트폰메시지서비스 사용 실태와 인간관계에 미치는 영향에 관한 연구〉 한양대학교 이노베이션대학원, 2012
- 황주성, 이재현, 이나경 〈모바일 인터넷으로 인한 미디어 이용 패턴 변화〉 정보통신정책연구원, 2010
- 권기덕, 임태윤, 최우석, 박성배, 오동현 〈스마트폰이 열어가는 미래〉 삼성경제연구소, 2011
- 심미선 〈스마트미디어서비스 이용실태조사〉 방송통신정책연구원, 2011
- Socialro 2012 - 10 - 29 "카카오톡, 청소년이 가장 많이 이용하는 소셜미디어로 나타나"
- 국제신문 2013 - 04 - 02 "'반톡'·'카톡멤놀' 제외…스마트폰 新왕따에 우는 아이들"
- 경향신문 2012 - 08 - 19 "[죽음 부르는 '카톡 왕따'](1) 스마트폰 알림음이 무서워요"
- 뉴스1 2013 - 06 - 07 "'카톡 왕따' 등 사이버 학교폭력 7배 급증"

- 온라인설문 실시 http://research.joongang.com/survey.php?act=v&id=13-11-528
- 연합뉴스 2013 – 06 – 23 "카톡 친구맺기로 학교폭력 지도하는 여성경찰관"
- 아이티투데이 2013 – 06 – 07 "KISA – 카카오톡, '사이버폭력 없는 학교' 페인"

신소재로써의
셀룰로오스 종이에 관한 고찰

백○○(성균관대 합격생이 쓴 소논문)

목차

Ⅰ. 서론

　1. 연구목적과 필요성

　2. 연구의 내용과 방법

Ⅱ. 본론

　1. 신소재의 정의와 분류 및 예시

　　1) 신소재의 정의와 내용

　　2) 신소재의 분류와 의의

　　3) 상용화되어 있는 첨단 재료

　2. 신소재로서의 셀룰로오스

　　1) 셀룰로오스의 새로운 발견

　　2) 신소재로써의 셀룰로오스의 역할 및 활용방안

Ⅲ. 결론

　1. 연구의 의의

　2. 참고문헌 및 자료 출처

Ⅰ. 서론

1. 연구목적과 필요성

급속도로 발전하고 변화하는 현대사회에서 재료는 막대한 역할을 수행해 왔다. 의식주를 비롯하여, 기계의 부분 하나하나까지 모든 곳은 재료로 이루어져 있다. 공학이 점차 하늘과 바다를 넘어 우주와 나노[1]세계까지 발전하면서, 극한의 상황에서도 버틸 수 있는 재료의 개발이 필요해졌다. 재료의 개발은 개개인의 경쟁을 넘어 국가의 기술력까지 좌우할 정도로 중요하다. 이미 많은 물질이 새로 재료화되어 상용화를 거치고, 실제로 인류의 삶을 더욱 윤택하게 해 주었다. 하지만 아직 기술력의 문제로 구상단계에만 머물러 있는 첨단 물질도 다양하다. 세계의 재료연구자들은 새로운 물질의 개발은 물론 이미 잘 알려진 물질에서도 새로운 특성을 찾기 위해 노력 중이다. 그중 본 연구에서는 인류가 오래전부터 사용해온 셀룰로오스[2]의 신소재적 특징을 탐구해 보았다. 셀룰로오스를 새로

---

1) 국제 단위계에서 10억분의 1을 나타내는 분수
2) 식물체의 세포막 주성분, 섬유소

운 지능재료로 개발이 가능하다는 연구가 이미 진행되고 있고, 많은 곳에서 셀룰로오스를 첨단 재료로 활용 중이다. 따라서 본 연구는 미래를 내다보는 고부가 가치 발명품 개발을 위한 셀룰로오스의 새로운 쓰임과 활용분야에 대해 알아보고자 한다.

2. 연구의 내용과 방법

본 연구는 셀룰로오스의 신소재적 특성을 파악하여 인류 생활의 향상을 위한 토대를 마련한다. 따라서 본론은 2개로 나뉜다. 본론 1은 신소재가 무엇인지에 대해 다룬다. 본론 2에서는 셀룰로오스의 차세대 역할에 대해 탐구하고 셀룰로오스의 신소재적 가치와 그 한계에 대해 알아본다.

Ⅱ. 본론

1. 신소재의 정의와 분류 및 예시

1) 신소재의 정의와 내용

신소재란 금속 · 무기(無機) · 유기 원료 및 이들을 조합한 원료를 새로운 제조 기술로 제조하여 종래에 없던 새로운 성능·용도를 가지게 된 소재로 정의된다. 신소재는 물성 연구, 재료 설계, 재료 가공, 시험 평가 등의 과정을 통해 만들어진다.

이러한 신소재의 예로 강철의 발달이 있다. 현대에 들어 가장 보편화된 재료는 강철이다. 저렴한 가격에 대량생산에도 용이하다. 그러나 인류는 첨단 기술의 완성을 위해 신소재의 개발을 갈구하고 시도하려 노력한다. 그리하여 인류는 강철보다 가볍고 견고하며 친환경적일 뿐만 아니라 친환경적인 소재인 티타늄을 탄생시켰다. 더욱 높은 강도와 백금에 버금가는 내식성을 지닌 티타늄은 내열성 및 고온 특성도 우수하다.

티타늄을 완성한 인류의 노력은 현재진행형이다. 우수한 재료인 티타늄을 다른 금속과 합금하여 개발하거나, 다른 외부조건에서의 실험 등으로 티타늄을 더욱 발전시킬 것이다. 이러한 노력들은 티타늄뿐만 아니라 재료개발분야의 전반적인 부분에서 수행되고 있다.

2) 신소재의 분류와 의의
신소재의 종류는 형상기억합금[3]을 말하는 신금속재료, 인간이 인위적으로 열을 가하여 만든 물질 중 비금속성이고 무기적인 성질을 띠는 물질을 분류한 비금속 무기재료, 큰 분자량을 가진 물질의 다양한 분자구조에 기인한 신고분자재료, 2종류 이상의 소재를 복합하여 다양한 성질을 부여하는 복합재료의 4가지로 분류된다. 1가지 속성만 띠는 소재도 있고 여러 가지 분류에 교집합으로 속하는 소재들도 있다. 눈여겨봐야 할 점은 신소재의 개발이 단순히 새로운 차원의 발명보다는 기존 재료의 진화를 모색한다는 것이다.

단편적인 예로 한 물질을 다루다가 실수로 물질이 변하게 되었고, 변하게 된 물질의 물리적·화학적 특성이 인류가 고대하던 신물질이라면 이것이 훌륭한 신소재 개발의 예가 될 수 있는 것이다. 이는 신소재 개발을 위한 전문가들이 목표로 세운 물질의 발견·발명을 위해 완벽한 실험만 추구하기보다는 실패작 속에서도 다른 시각으로 발전 가능성을 파악해야 할 당위성을 내포한다.

3) 상용화되어 있는 첨단 재료

(1) 액정

보통의 액체는 분자의 방향과 배열에 규칙성이 없지만, 액정은

____

3) 전기장이 광학 현상에 미치는 효과를 연구하는 학문. 물리학의 한 분야

어느 정도의 규칙성을 가지는 물질이다. 규칙성은 결정을, 물질의 상은 액체와 비슷하여 액정이라고 불린다. 액정의 특징 중 하나는 전압을 가함에 따라 배열방식을 조절할 수 있다는 것이다. 빛이 통과할 수 없이 뒤얽힌 구조로 되어 있던 액정에 전압을 가하면 액정 분자의 배열방향이 같은 곳으로 나란히 배열되기 때문에 그 부분만 등방향의 결정 구조가 되어 투명하게 된다. 이를 액정의 전기광학[4] 효과라 부른다.

전압에 따라 분자의 배열이 변하는 액정을 이용하여 디스플레이 장치를 만들 수 있다. 이는 시계나 모니터의 화면에 사용된다. 또한 온도에 따라서 결정구조가 변화는 결과로 색이 바뀌는 액정이 있는데 이를 사용하면 온도를 나타낼 수 있다.

⑵ 그래핀

신소재 하면 가장 먼저 언급되는 물질이 그래핀이다. 연필심에 사용되어 우리에게 친숙한 흑연은 탄소들이 벌집 모양으로 결합하며 그물처럼 배열된 평면들이 층층이 쌓여 있는 구조인데, 이 흑연의 1층을 그래핀이라 부른다. 이미 2004년 영국의 가임과 노보셀로프 연구팀이 상온에서 투명테이프를 사용하여 그래핀을 찾

---

4) 전기장이 광학 현상에 미치는 효과를 연구하는 학문. 물리학의 한 분야

아내는 데 성공하였다. 그래핀은 구리의 100배 이상의 전기전도성, 반도체로 쓰이는 실리콘에 비해 100배 이상의 전자이동속도, 강도는 강철에 비해 200배 이상 강하고 열전도성 또한 뛰어나며 투명하고 신축성도 매우 뛰어나다.

그래핀은 이러한 장점들로 고속반도체나, 휘는 디스플레이, 손목에 차는 컴퓨터나 컴퓨터로 된 옷 등 불가능이라 생각되는 발명품의 개발을 가능하게 해 줄 소재로 주목받고 있다. 그래핀에 대한 연구가 성황리에 이루어진다면 인류 역사상 가장 획기적 발명 중 하나로 인식되는 플라스틱처럼 세상을 또 한 번 바꿀 수 있을 것이다.

2. 신소재로서의 셀룰로오스

1) 셀룰로오스의 새로운 발견

셀룰로오스는 자연에서 얻을 수 있는 천연고분자 물질로 인류의 역사와 함께 오랜 기간 동안 다양한 분야에서 사용되어 왔다. 우리가 평소에 쓰는 종이 또한 식물이나 나무에서 얻어지는 셀룰로오스 섬유를 판상[5]으로 재조합해 만든 천연재료이다. 인하대학

---

5) 널빤지처럼 생긴 모양

교 연구팀은 셀룰로오스에 전기를 가했을 때 떨림이 일어나는 것을 관측하고 어떤 물질에 전기를 가하면 진동이 일어나는 '압전효과[6]'와 셀룰로오스 내부의 결정 구조와 비결정 구조 사이에 움직이는 전하를 힘으로 바꾸는 '이온 전이 현상[7]' 때문에 떨림 현상이 생긴다는 것을 밝혀냈다. 이를 통해 생체모방 종이 작동기를 개발하였는데, 이 재료는 초경량, 큰 변형, 적은 전기에너지 사용, 빠른 응답과 내구성, 무공해성으로 최첨단 지능재료로 학계에서도 인정받고 있다. 이는 셀룰로오스가 더 이상 기록매체나 포장, 건축자재로만 쓰일 것이 아니라 차세대 물질로서의 역할을 충분히 해낼 수 있음을 말한다. 또한 물질의 경량화가 필요한 분야에서 더욱 유용하게 쓰일 것으로 예상된다.

2) 신소재로써의 셀룰로오스의 역할 및 활용방안

(1) 초소형 비행체

기존의 소형 비행체는 금속으로 이루어져 왔기 때문에 경량화에 한계가 있었다. 그렇기에 셀룰로오스의 초경량성은 초소형 비

---

6) 기계적인 압력을 가하면 전압이 발생하고 전압을 가하면 기계적인 변형이 발생하는 현상

7) 극성 용매에 이온결합물질을 넣고 전류를 흘릴 때 양극으로 물질이 이동하는 현상

진짜 공신들만 보는 대표 소논문

행체 제작에 큰 장점이 될 것이다. 너무 가벼워서 배터리를 탑재하지 못한다는 생각만으로 불가능할 것이란 예측을 할 수도 있지만, 종이작동기 위에 마이크로파를 받아 직류로 전원을 공급하는 장치인 렉테나[8]를 결합한다면 기존의 배터리와 소형비행체보다 더 큰 시너지 효과를 낼 것이다. 주재료인 금속보다 가격도 훨씬 저렴하기 때문에 대량생산 시에도 상대적으로 적은 부담이 들 것으로 보인다.

(2) 셀룰로오스 반도체

현대문명에서 반도체는 막대한 영향을 끼치고 있다. 짧은 역사 속에서도 비약적인 발전으로 현대사회의 반도체의 발전은 눈에 띄게 두드러진다. 미래사회의 반도체는 더 빠른 속도, 더욱 소형화된 모델을 요구할 것이다. 셀룰로오스 섬유에 반도체 성질을 갖는 극소량의 탄소나노튜브를 혼합하여 만들어진 종이 트랜지스터[9]는 이미 개발되었다. 게다가 셀룰로오스의 내구성과 적은 전력 소모 및 무공해성 성질은 반도체를 생산할 때 발생하는 오염물질을 감소시켜 친환경적인 발전이 중요시되는 현대 그리고 미래사회의

---

8) 무선전력전송시스템
9) 반도체를 3겹으로 접합하여 만든 전자회로 구성요소. 증폭, 스위치 역할을 한다.

유용한 재료가 될 것이다.

　(3) 벽지형 스피커

　셀룰로오스의 전기적 성질을 살려 전자종이를 만들어 낸다면 전자종이의 압전성으로 스마트 벽지형 스피커를 개발할 수 있다. 디지털형식으로 재생되는 현대 문명 속의 소리를 최대한 아날로그형식으로 전달할 수 있는 방식 또한 셀룰로오스의 특징 중 하나인 빠른 응답성이 최적의 역할을 해낼 것이다.

Ⅲ. 결론

1. 연구의 의의

　첨단 소재가 개발되고 상용화되어, 더욱 편안한 삶을 영위하길 바라는 현대인에게 셀룰로오스의 신소재적 발견은 가히 큰 혁명이라고 볼 수 있다. 셀룰로오스 종이가 단순한 기록매체로서 종이가 아니라 로봇, 센서, 디스플레이, 초소형 비행체, 스피커, 트랜지스터, 배터리 및 화장용 패치에 이르기까지 고부가가치의 상품이 될 수 있음은 그동안 종이를 값싼 재료로만 보아 왔던 우리에게 종이의 새로운 가치를 보여 준다. 또한 셀룰로오스는 일상생활에서 발견한 미래의 첨단소재의 본보기가 되어, 일상 속 평범한 물질의 재발견의 가능성을 보여 준다.

하지만 현재 인류는 무분별한 벌목과 산림파괴로 환경파괴의 길을 걷고 있다. 이 같은 환경파괴로 지구는 온실효과가 가속화되어 지구온난화를 겪는 중이기 때문에 식물인 셀룰로오스를 활용한 발전은 비판을 면하기 힘들다. 따라서 셀룰로오스의 신소재적 역할을 수행하기 위해서는 일차원적으로 지구의 산림파괴문제에 대한 해결책을 제시하거나 재활용되지 못하는 목재쓰레기 등에서 셀룰로오스를 얻는 방식으로 나아가야 할 것이다.

범지구적인 환경문제로, 해결해야 할 과제가 산더미 같은 셀룰로오스지만, 다양한 시각과 이를 토대로 한 집중적인 연구는 신소재를 개발하는 새로운 탐구적 태도의 초석이 될 것이다.

2. 참고문헌 및 자료 출처

1. 논문

- 압전종이의 원리 및 녹색 에너지 응용(김재환, 2009)
- 셀룰로오스 압전종이의 특성 및 음향응용 가능성(김재환, 2008)

2. 자료

- [네이버 지식백과] 신소재의 정의(두산백과)

- [네이버 지식백과] 신소재의 정의(한국민족문화대백과)

- [네이버 지식백과] 그래핀(두산백과)

- [네이버 지식백과] 액정(두산백과)

- [네이버 지식백과] 신 금속재료(자동차용어사전)

- [네이버 블로그] 생활 속 과학이야기(食藥同原)

- [네이버 캐스트] 소재를 선택하다(정희경)

- [네이버 캐스트] 풀러렌(여인형)

3. 사진

- [네이버 블로그] 신소재(비타조아)

- [네이버 블로그] 신소재 – 아이폰5(엘리의 소소한 이야기)

- [더 알아보는 지식백과] 형상기억합금

- [네이버 뉴스] 휘는 디스플레이(디지털데일리)

- [국제신문] 그래핀 단면

- [네이버 블로그] 종이초소형비행체(食藥同原)

- [네이버 블로그] 종이 반도체(과학이 과樂이 되는 날)

진짜 공신들만 보는 대표 소논문

초판 1쇄 인쇄 2016년 6월 10일
초판 1쇄 발행 2016년 6월 15일

지은이 김범수
발행인 조상현
편집인 봄눈 김사라
디자인 김성엽의 디자인모아

펴낸곳 더디퍼런스
등록번호 제2015-000237호
주소 서울시 마포구 마포대로 127, 304호
문의 02-725-9988
팩스 02-6974-1237
이메일 thedibooks@naver.com
홈페이지 www.thedifference.co.kr

ISBN 979-11-86217-40-5 (13370)